Lieblingsplätze

SPREEWALD

Lieblingsplätze
SPREEWALD

INKA CHALL

Autor und Verlag haben alle Informationen geprüft. Gleichwohl wissen wir, dass sich Gegebenheiten im Verlauf der Zeit ändern, daher erfolgen alle Angaben ohne Gewähr. Sollten Sie Feedback haben, bitte schreiben Sie uns! Über Ihre Rückmeldung zum Buch freuen sich Autor und Verlag: lieblingsplaetze@gmeiner-verlag.de

Sofern nicht im Folgenden gelistet, stammen alle Bilder von Inka Chall (blickgewinkelt.de): Spreewald Therme GmbH, S. 70; Schloss Fürstlich Drehna – ein Denkmal der Brandenburgischen Schlösser GmbH, S. 186; Schloss Altdöbern – ein Denkmal der Brandenburgischen Schlösser GmbH, S. 188

QR-Code einscannen und kostenloses E-Book anfordern. 

Besuchen Sie uns im Internet:
www.gmeiner-verlag.de

3. Auflage 2022

Im Ehnried 5, 88605 Meßkirch
Telefon 07575/2095-0
info@gmeiner-verlag.de

Lektorat Redaktion: Anja Kästle
Herstellung: Mirjam Hecht
Umschlaggestaltung: Benjamin Arnold
unter Verwendung der Illustrationen von © SimpLine – stock.adobe.com; © alekseyvanin – stock.adobe.com; © Katrin Lahmer; © Benjamin Arnold
Kartendesign: © Maps4News.com/HERE
Druck: AZ Druck und Datentechnik GmbH, Kempten
Printed in Germany
ISBN 978-3-8392-2629-2

1

Spremberger Turm
Spremberger Straße 21
03046 Cottbus
0355 49458649
www.sprembergerturm.de

EIN SCHÖNER ÜBERBLICK

Spremberger Turm

Die Sonne taucht Cottbus (niedersorbisch: Chóśebuz) in ein gleißend warmes Licht, die Aussicht ist phänomenal. Ich stehe auf dem Spremberger Turm, dem Wahrzeichen von Cottbus, 28 Meter über der Stadt. Mein Blick fällt auf die schönen alten Häuser, über die Synagoge, die Universität bis zum Grünen Band, das Cottbus umgibt. Nicht umsonst ist diese Stadt das Tor zum Spreewald, auch wenn sie streng genommen natürlich außerhalb davon liegt.

Der alte Verteidigungsturm – Teile stammen aus dem 13. Jahrhundert – gehört zur Stadtmauer, die in großen Teilen erhalten geblieben ist. Der Name lässt sich auf das Tor zurückführen, das an dieser Stelle der nach Spremberg zeigende südliche Eingang der Stadt war. Anfang des 19. Jahrhunderts wurde der Turm nach Plänen des bekannten preußischen Baumeisters Karl Friedrich Schinkel erhöht und mit Zinnen versehen. Er wurde im Jahr 2000 aufwendig restauriert, heute kümmert sich der eigens dafür gegründete Cottbuser Turmverein um das Gebäude und ermöglicht tägliche Öffnungszeiten.

Ein Krebs begrüßt mich an der Tür. Das ist weniger überraschend, als es scheint, denn das Tier gehört zum Stadtwappen von Cottbus. Eventuell deutet das Wappen auf die krebsreiche Spree hin, ganz einig sind sich die Forscher darüber nicht. Am Eingangsbereich vorbei müssen 131 Treppenstufen erklommen werden, das ist nichts für schwache Beine. Auf Holztreppen geht es an der großen Turmuhrkonstruktion vorbei, die allerdings erst aus dem Jahr 1970 stammt. Auf den Zwischenebenen werden regelmäßig Bilder lokaler Fotografen und Malerinnen ausgestellt.

Der Erhalt des Turms erfolgt ehrenamtlich und ausschließlich aus eigenen Mitteln des Vereins – ein weiterer guter Grund, das geringe Eintrittsgeld zu bezahlen und vielleicht auch das ein oder andere Souvenir zu erwerben, das im Eingang angeboten wird.

Besonders schöne Fotos gelingen im Spätherbst am Vormittag, da die Sonne tiefer zum Horizont steht.

WO DIONYSOS TANZT

Staatstheater Cottbus

Wie so vieles in dieser Gegend, wurde das Staatstheater Cottbus nicht auf Kosten der Stadt oder Gemeinde finanziert, sondern von den Bürgern selbst. Diese wünschten sich ein vorzeigbares Theater und sammelten genügend Geld. Dank Tuchmachergewerbes hatte Cottbus um 1900 viele betuchte Bewohner. Der Ausdruck »betucht« entstammt jedoch nicht, wie man nun annehmen sollte, dem Tuchmachergewerbe. Er leitet sich von dem jiddischen Wort »betukhe« ab und bedeutet sicher, (finanziell) vertrauensvoll.

Für das Staatstheater wurde als Baumeister Bernhard Sehring beauftragt, der bereits durch seine Konzeption des Berliner Theaters des Westens berühmt und für seinen Stilmix bekannt geworden war. Er benötigte gerade einmal 16 Monate für die Fertigstellung des Cottbuser Großen Hauses. Nach heutigen Maßstäben ein Traum!

Vorrangig im Jugendstil errichtet, finden sich am monumentalen Bau jedoch auch Elemente anderer Epochen: Putten auf den Balkonen, Obelisken am Eingang, Löwen in der Auffahrt. Insbesondere die griechische Mythologie hatte es Sehring in Bezug auf das Theater angetan. So finden wir von Panthern gezogene Streitwagen, die von Ariadne und Dionysos, Gott des Weines und des Theaters, gelenkt werden. Im Innern beeindruckt besonders das Bühnenportal mit Darstellungen von antiken Kriegern und Frauen, nebendran finden sich vergoldete Reliefs mit einer weinenden und einer lachenden Maske – ein Verweis auf die Komödie und Tragödie der Antike.

Neben dem Großen Haus gibt es in der Stadt mittlerweile weitere Aufführungsorte: die Kammerbühne, den Kammermusiksaal, die Theaterscheune und ein beliebtes Sommertheater im Kasernenhof. 1945 verhinderten Cottbuser Bürger kurz vor knapp die Sprengung. Kein Wunder, dass die Stadt stolz auf ihr Theater ist, übrigens das einzige Staatstheater in ganz Brandenburg.

Sonntags werden häufig Führungen zu Geschichte und Architektur des Großen Hauses angeboten.

8

Restaurant Stadtwächter
Mauerstraße 1
03046 Cottbus
0355 23618
www.stadtwaechter.de

SCHNITZELJAGD

Restaurant Stadtwächter

Wer Schnitzel mag, wird den Stadtwächter lieben. Das mittelalterliche Wiekhaus, in dem sich das Restaurant befindet, ist in die alte Stadtmauer aus dem 15. Jahrhundert eingelassen und war ursprünglich für den Wachtposten am westlichen Eingang gedacht. Mehrere solcher Wiekhäuser sind in Cottbus erhalten geblieben. In den 1970er- und 1980er-Jahren befand sich hier ein Jugendclub, heute ist es eine der beliebtesten Wirtschaften der Stadt und schon von außen mit dem restaurierten Fachwerkhäuschen ein Blickfang.

Das historische Innenleben des Gebäudes wurde bei den Umbauarbeiten für den gastronomischen Betrieb zum großen Teil erhalten, auch der alte Kachelhofen existiert noch. Man sitzt an urigen Holztischen in den kleinen und etwas verschachtelten Räumlichkeiten, was die ein oder andere Herausforderung für die Angestellten mit sich bringt. Ich bin entzückt von der kuscheligen Atmosphäre und der freundlichen Bedienung, die trotz des großen Andranges die Ruhe weg zu haben scheint.

Die Speisekarte sorgt mit Menübezeichnungen wie der Drallen Else oder Erichs Liebling für gelegentliche Lacher. Gute Hausmannskost ist hier zwar die Regel, aber auch Vegetarier kommen auf ihre Kosten. So kommen etwa gegrillte Artischocken, Omas Kräuterpfannkuchen oder hausgemachte Piroggi auf den Teller. Neben kühlem Cottbuser Bier wird auch eine Spezialität des Hauses serviert: selbstgemachte Limonade. Wer am Wochenende einkehren möchte, sollte nicht gerade geräuschempfindlich sein, denn hier kann es schon einmal lauter werden.

Der schönste Sitzplatz ist im Sommer auf der Terrasse. An diesem lauschigen Ort wird an trockenen Tagen zwischen altem Mauerwerk und Grünpflanzen bedient – aber nicht weitersagen!

Da die Räumlichkeiten klein und das Schnitzel sehr beliebt ist, unbedingt reservieren!

4

Gullideckel
Spremberger Straße / Ecke
Marktstraße
03046 Cottbus

Informationen:
Cottbus-Service –
Tourist-Information
Berliner Platz 6 / Stadt-
halle Cottbus
03046 Cottbus
0355 75420
www.cottbus-tourismus.de

GRÖSSEN UND ZAHLEN

Gullideckel

In Cottbus gibt es eine besondere Stelle, die einiges über die Geschichte von Cottbus erzählt. Entdeckt habe ich sie erst in Rahmen einer großartigen Stadtführung.

Sie finden diesen Ort am Altmarkt an der Ecke Spremberger Straße (das ist die Fußgängerzone vor dem Café Lauterbach) und Marktstraße in Form eines Gullideckels. Wenn Sie auf ihm stehen, können Sie gen Westen das Tor in der alten Stadtmauer aus dem 14. Jahrhundert sehen. Im Süden ist der Spremberger Turm sichtbar, der ebenfalls eine Stadtgrenze markierte. Ein ordentlicher Steinwurf nach Norden trifft den Klosterplatz, hinter dem das Stadtgebiet endete. Nur nach Osten verhindert ein leichter Knick der Straße den Blick auf den Mühlengraben. So klein war also Cottbus! Und das immerhin mehrere Jahrhunderte lang.

Eine andere Perspektive auf die Stadt erschließt sich bei einem Blick auf die früheren Verhältnisse. Im Jahr 1671 tobte in Cottbus ein verheerendes Feuer, dem die meisten Häuser zum Opfer fielen. Allerdings lebten zu dieser Zeit nur etwa 1.500 Menschen in der Stadt. Durch die Pest und den Dreißigjährigen Krieg war die Bevölkerung rasant geschrumpft. Aufgrund der Industrialisierung und insbesondere der Textilindustrie wuchs die Bevölkerung im 19. Jahrhundert rasant, der Platz wurde knapp und die Stadtmauer verlor ihre Grenzfunktion. Heute hat Cottbus mal mehr, mal weniger als 100.000 Einwohner und kratzt damit immer wieder am Großstadtstatus.

Die Stadt mit dem niedersorbischen Namen Chóśebuz gilt trotz der mittlerweile geringen Anzahl an Sorben als das sorbische Zentrum der Niederlausitz. In der ganzen Region werden Sie immer wieder auf niedersorbische/wendische Ortsnamen und Bezeichnungen stoßen. Trotz aller Bemühungen ist Niedersorbisch mit etwa 7.000–10.000 aktiven Sprechern eine der gefährdetsten Sprachen Europas.

Empfehlenswerte und günstige Stadtführungen mit sehr engagierten Fremdenführern werden von der Tourismusinformation Cottbus angeboten, direkt neben der Stadthalle unweit der Spremberger Straße.

5

Brandenburgisches Apothekenmuseum
Altmarkt 24
03046 Cottbus
0355 23997
www.brandenburgisches-apothekenmuseum.de

BEI DEN GIFTMISCHERN

Brandenburgisches Apothekenmuseum

Das Brandenburgische Apothekenmuseum am Altmarkt ist ein echter Schatz. Schon der Anblick des hübschen grünen Barock-Hauses mit Staffelgiebel und den goldenen Lettern »Apotheke« lässt das Herz höherschlagen und steigert die Vorfreude auf eine Besichtigung. Hoch oben thront eine Skulptur der griechischen Hygieia, Schutzpatronin der Apotheker.

Die ehemalige Löwen-Apotheke öffnete bereits im Jahr 1573 auf Geheiß des Markgrafen von Brandenburg, Johann von Küstrin, ihre Türen. Der barocke Giebel wurde allerdings erst um 1800 auf das Gebäude gesetzt. Fast unglaubliche 400 Jahre wurde die Apotheke an diesem Standort durchgängig geführt. 1951 wurde sie verstaatlicht und erst 1982 fiel der Entschluss, in dem denkmalgeschützten Haus ein Museum zu errichten.

Eine Führung ist hier angesichts der wertvollen Exponate Pflicht. In verschiedenen Räumen werden komplette Apothekeneinrichtungen aus unterschiedlichen Epochen des 20. und 21. Jahrhunderts präsentiert. Auch ein Offizin, der Arbeitsraum einer Apotheke, zu Zeiten der DDR wurde originalgetreu eingerichtet. Manche Geräte und Ausstellungsstücke stammen wiederum aus vorherigen Jahrhunderten. Fragen sind erwünscht, die Mitarbeiter erklären gerne das Handwerk eines Apothekers von damals und heute.

Besonders dufte: In der Gift- und Kräuterkammer lagern Holzgefäße aus zwei Jahrhunderten und damit auch die Gerüche exotischer Arzneien, die damals nur ein Apotheker anmischen und vertreiben durfte. Im Innenhof kitzelt es ebenfalls in der Nase, hier schnuppere ich gleich weiter an frischen Kräutern.

Wer spontan vorbeikommt und keine Gelegenheit zu einer Führung hat, kann sich einfach im Verkaufsraum zwischen dem schönen alten Holzinventar umsehen und Kräuter, Teemischungen sowie Liköre oder Weine erwerben.

Die anderen beeindruckenden Häuser am Altmarkt in Cottbus lohnen ebenfalls einen Blick. Sie stammen zumeist aus der Zeit nach dem Cottbuser Großbrand im Jahr 1671.

6

Cottbuser Baumkuchen Manufaktur
Mühlenstraße 45
03046 Cottbus
0355 2892273
www.baumkuchen-cottbus.de

Conditorei & Café Lauterbach
Spremberger Straße 4
03046 Cottbus
0355 24758
www.lauterbach-cottbus.de

Glück in Schichten

Cottbuser Baumkuchen Manufaktur

Wer Deutschlands kleinste Baumkuchenmanufaktur besucht, trifft auf ein Stück ostdeutsche Geschichte. Bereits seit 1807 wurde Baumkuchen in Salzwedel hergestellt, doch da das Geheimrezept nur in erlauchten Kreisen weitergegeben wurde, beschränkte sich der Verkauf in den nachfolgenden Jahren auf wenige Betriebe. Nach Cottbus kam der Baumkuchen erst Ende des 19. Jahrhunderts. Konditormeister Max Lauterbach vertrieb das Gebäck allerdings innerhalb weniger Jahre so erfolgreich, dass er 1917 zum königlichen Hoflieferanten ernannt wird. In den folgenden Jahrzehnten bleibt das Geschäft in Familienhand.

Während der DDR stoppt die Produktion, denn es fehlt der Nachschub an geeigneter Kuvertüre. Doch schon bald nach der Wende führt die Familie Lauterbach den Betrieb fort. Erst nur mit kleinen Produktionsmengen für Freunde, doch nach und nach entsteht wieder ein fester Kundenstamm. 2006 wird die Cottbuser Baumkuchen Manufaktur neu gegründet. Schicht um Schicht wird hier der Teig nach originalem Rezept auf eine Walze aufgetragen und nach dem Backen und Erkalten mit Kuvertüre überzogen, bis das schwere, leckere Kunststück fertig ist. Der Baumkuchen kommt übrigens ganz ohne Konservierungsstoffe aus, er ist deshalb nur 3–4 Wochen haltbar.

In der stadtbekannten Conditorei & Café Lauterbach können Sie die leckeren Stücke erwerben, die Manufaktur liegt gleich nebenan und veranstaltet regelmäßig Schaubacken, bei dem Sie dem Meister über die Schulter gucken dürfen. Neben dem Klassiker mit dunkler Schokolade werden Variationen mit weißer Schokolade und sogar mit Matcha angeboten. Oder Sie lassen sich gleich im Café zu einer Kostprobe hinreißen. Aber Achtung, der begehrte Baumkuchen ist manchmal ausverkauft.

Die kleinen Baumkuchenpralinen sind ein leckerer Schmaus und Sie können hier außerdem mehrere Varianten des Baumkuchens probieren.

7

Synagoge Cottbus
Spremberger Straße 29
03046 Cottbus
0355 3831046
www.juedische-gemeinde-cottbus.de

HAND IN HAND

Synagoge Cottbus

Der auffallend schöne Bau in der Fußgängerzone sieht aus wie eine Kirche und ist eine Besonderheit: Er ist seit einigen Jahren eine Synagoge.

Während der Novemberpogrome im Jahr 1938 wurde auch die Synagoge in Cottbus in der Karl-Liebknecht-Straße 132 in Brand gesteckt. Neben der Ermordung und Vertreibung der Juden war dies eine weitere Maßnahme der NS-Diktatur, um jüdische Kultur und Religion systematisch auszulöschen. Sämtliche Synagogen in Brandenburg wurden komplett zerstört. Die Regierung der DDR wiederum hatte kein Interesse am jüdischen Leben oder an einer kollektiven Erinnerung daran, dass die jüdischen Bürger einst zum deutschen Gesellschaftsbild dazugehört hatten. Erst nach der Wende bildeten sich an manchen Orten Interessens- und Glaubensverbände sowie jüdische Gemeinden, Cottbus war einer davon.

Die Gemeinde suchte lange neue Räumlichkeiten, in denen sie sich versammeln und Gottesdienste abhalten konnte. Diese fanden sich letztlich in der alten Schlosskirche, die 1714 den aus Frankreich vertriebenen Hugenotten – französisch-reformierten Christen – als Zuflucht diente.

Zuvor wurde die Schlosskirche als Ökumenisches Gemeindezentrum und Treffpunkt für Friedens- und Umweltaktivisten genutzt. Nach der Wende öffnete man die Tür für Obdachlose und Bedürftige, doch andere Einrichtungen übernahmen schließlich diese Aufgabe. Nachdem die Kirche in den Folgejahren immer leerer geworden war und die Jüdische Gemeinde Cottbus sich eine neue Synagoge wünschte, kam es zur Lösung, die Schlosskirche umzuwidmen. Am 9. November 2015, 76 Jahre nach den Pogromen, erhielt die Jüdische Gemeinde Cottbus endlich wieder eine Synagoge. Es ist die erste in ganz Brandenburg seit 1938.

Die Synagoge kann während der Öffnungszeiten besichtigt werden. Führungen sind auf Anfrage möglich.

8

Gerberhäuser am Mühlgraben
Uferstraße 16A
03046 Cottbus
0355 870054
www.gerberhaus-ferienwohnung.de

VOM WASCHEN DER FELLE

Gerberhäuser am Mühlgraben

Die Gerberhäuser am Mühlgraben sind die ältesten Häuser in Cottbus und sicherlich eines der meistfotografierten Motive der Stadt. Sie entstanden zur Blütezeit des Cottbuser Tuchmacherhandwerks, das Cottbus großen Reichtum bescherte.

Bereits im Mittelalter war die Herstellung von Flachs und Wolle in der gesamten Spreewaldregion sehr verbreitet. Das feuchte Klima und die Möglichkeit, groß angelegte Weideflächen für die Schafzucht zu nutzen, boten optimale Bedingungen. Während im Spreewald die Bauern von Leinewebern mit groben Stoffen versorgt wurden, zog es die Tuchmacher in die Städte, wo Bedarf nach feineren Stoffen bestand. Nachdem das Gewerbe jedoch durch den Dreißigjährigen Krieg fast vollständig zum Erliegen gekommen war, brachten hugenottische Glaubensflüchtlinge das Handwerk im 18. Jahrhundert in die Region und bescherten damit einigen Bürgern beträchtlichen Reichtum. So verdiente der bekannteste Tuchmacher Lobedan etwa zehn Mal so viel wie der Bürgermeister von Cottbus.

In dieser Zeit, etwa um 1750, entstanden auch viele Wollspinnhäuser und die Gerberhäuser am Mühlgraben, von denen heute leider nur noch zwei erhalten geblieben sind. Da die Gerber fließendes Wasser zum Spülen der Felle benötigten, wurden die Gerberhäuser direkt an das Wasser gesetzt und Balkone über die Gräben gebaut. Als Wohnstätte eigneten sich die schönen Fachwerkgebäude ursprünglich nicht, denn der Gerbereibetrieb war nicht gerade geruchsfrei, daher waren keine Wohnbereiche geplant.

Als die Gerbereien nicht mehr benötigt wurden, standen die Gebäude lange Zeit leer und verfielen, weshalb die meisten der alten Häuser allmählich abgerissen wurden. Lediglich die letzten zwei Gerberhäuser konnten gerettet und zu Wohnhäusern umgebaut werden. So wartet in der Uferstraße 16A eine Ferienwohnung auf Gäste.

Im nahen Forst können Sie im Textilmuseum die alten Maschinen und auf einem Stadtrundgang die alten Fabrikantenvillen bewundern.

9

Brandenburgisches Landesmuseum für moderne Kunst
Uferstraße / Am Amtsteich 15
03046 Cottbus
0355 49494040
www.blmk.de

KUNST IM DIESELKRAFTWERK

Brandenburgisches Landesmuseum für moderne Kunst

Kühle Eleganz, so könnte man das ehemalige Kunstmuseum Dieselkraftwerk Cottbus wohl beschreiben. Heutzutage trägt es den offiziellen Namen Brandenburgisches Landesmuseum für moderne Kunst (BMLK) und ist das einzige Museum für zeitgenössische Kunst in Brandenburg. Durch die Fusion mit dem Museum Junge Kunst Frankfurt (Oder) entstand der heutige Name BMLK.

Das monumentale Gebäude ist schon für sich ein Kunstwerk: Es entstammt der Kraftwerksarchitektur um Werner Issel aus dem Jahr 1927. Das Kraftwerk war bis in die 1960er-Jahre hinein in Betrieb. Bei den Umbauten zum Kunstmuseum blieben große Teile der ursprünglichen Innenfassaden erhalten und die Außenfassade mit Eisenklinkern wurde im originalen Zustand belassen. Die schlichte Ästhetik des Maschinenhauses beeindruckt ebenso wie die vielen, teils verspielten Backsteinornamente des Schalthauses. Beide Architekturstile harmonieren auf spannende Weise mit den Ausstellungen, die sie beherbergen, und sind schon aus diesem Grund einen Besuch wert.

An den beiden Standorten Cottbus und Frankfurt (Oder) werden aus den Bereichen der Malerei, Fotografie, Grafik, Plakatkunst, Plastik und Buchkunst insgesamt etwa 42.000 Exponate präsentiert. Internationale Künstler, von Beuys über Warhol bis Picasso, finden sich hier. Der Schwerpunkt des Museums liegt jedoch deutlich auf Kunstwerken aus der DDR, von Fotografien der Alltagskultur bis zu thematischen Auseinandersetzungen mit dem Leben. Jährlich werden verschiedene Wechselausstellungen gezeigt.

Das Museum hat sich insbesondere die Interaktion mit den Gästen zur Aufgabe gemacht: Wöchentlich werden hier viele Workshops, Kurse und Konzerte angeboten. Nehmen Sie an einer der zahlreichen Führungen teil, lernen Sie Aktzeichnen, kreatives Schreiben oder Linolschnitt.

Regelmäßig finden auch Workshops für Kinder und Familien statt.

10

Fürst-Pückler-Pyramide
im Branitzer Park
03042 Cottbus
0355 75150
www.pueckler-museum.eu

EIN BISSCHEN GIZEH

Fürst-Pückler-Pyramide

»Fürst Pückler Park Branitz«, begrüßt mich das goldverzierte Schild am Eingang. Weitläufige Wiesen empfangen mich, dann geht es über verschlungene Pfade und kleine Hügel an Baumalleen und dem Schlangensee vorbei. Der Landschaftspark ist nach dem Zonierungsprinzip angelegt. Während sich im äußeren Park nur einheimische Gehölze befinden, wird zum inneren Park hin die Bepflanzung dichter, exotischer und pflegeintensiver. Im Kern befinden sich das Schloss, der Schlosspark, das Gutsgelände und die Gärtnerei.

Mein Weg führt mich durch die gestaltete Landschaft zur Fürst-Pückler-Pyramide, in der der exzentrische Gartenkünstler seine letzte Ruhestätte fand. An der ägyptischen Treppe mache ich Halt und genieße den Ausblick. Es ist Herbst, klarer Himmel und die buntbelaubten Eichen, Buchen und Linden spiegeln sich im blauen Wasser, das die Pyramide umgibt. Anders als die ägyptischen Vorbilder besteht diese Pyramide aus Erde. Auf einer kleineren Insel nebenan befindet sich ein Stein mit einem Kreuz, das viele als das eigentliche Grab des Fürsten missverstehen. Doch hier war einst seine geliebte Frau Lucie beigesetzt, die später ebenfalls in die Pyramide umgebettet wurde.

Der ausufernde Lebenswandel des Schriftstellers und Weltreisenden Hermann Fürst von Pückler-Muskau war schon zu seinen Lebzeiten bekannt. So musste er den zuvor von ihm gestalteten Muskauer Park verkaufen und widmete sich dem 600 Hektar großen Branitzer Park. Angeblich soll er sich sogar im Einvernehmen von Lucie getrennt haben, um mit einer anderen Partie seine Eskapaden finanzieren zu können.

Auf dem Weg zum Schloss muss ich schmunzeln, weil ich an einer kleinen mit Efeu bewachsenen Steinplatte vorbeikomme, deren Inschrift das Wesen des Fürsten in einem Satz verrät: »Hier ruht ADSCHAMEH, meine vortreffliche arabische Stute. Brav, schön und klug.«

Im Sommer ist es möglich, mit der Pückler-Gondel den See zu befahren.

11

Schloss Branitz
Robinienweg 5
03042 Cottbus
0355 75150
www.pueckler-museum.eu

DIE WELT IN EINEM SCHLOSS

Schloss Branitz

Ein Traum in Zartrosa, stelle ich erstaunt fest, als ich das erste Mal das Schloss Branitz mitten im Branitzer Park Cottbus besuche. Hier residierte ab 1845 der exzentrische Graf Hermann von Pückler-Muskau, Landschaftsarchitekt, Generalleutnant, Schriftsteller und vor allem: Weltreisender.

In den 1990er-Jahren renoviert, restauriert und neu gestrichen, trägt das Schloss nun die gleiche Farbe wie zu Lebzeiten des Grafen. Das Innere des Schlosses ist neben dem originalen Mobiliar aus Pücklers Zeit auch mit vielen Andenken von seinen Reisen ausgestattet. In den Orienträumen finden sich zumeist kostbare Objekte aus Ägypten, ein Land, das es dem Grafen wohl heftig angetan hatte, ließ er doch sich und seine geliebte Frau in Erdpyramiden bestatten, die im Park besichtigt werden können. Orientalische Wandtapeten, farbenfrohe Wohneinrichtungen und bunter Wandschmuck werden kombiniert mit üppigen Barockelementen und verschiedenen Stilrichtungen. Eine riesige Bibliothek ist ebenfalls vorhanden. »Ausufernd« wäre hier vielleicht der richtige Ausdruck für diese ganze Pracht, und es verwundert nicht, dass der Graf häufig ziemlich pleite war.

Der Außenbereich des Schlosses lohnt ebenfalls: Der Pergolagarten mit verschiedenen Skulpturen nach englischem Vorbild wurde rekonstruiert. Kleine Wege laden zu einem kurzen Spaziergang ein, der wunderbare Sichtachsen auf die Residenz ergibt. Der Marstall und das Kavaliershaus, errichtet im englischen Tudorstil, wurden ebenfalls restauriert. Hinter dem Gebäude liegt ein kleiner See, in dem sich das Schloss wunderbar spiegelt. Wer aufmerksam die Wege abläuft, findet eine kleine, von Büschen umrahmte Heckenloge mit schönem Sitzplatz und herrlicher Aussicht auf die gesamte Anlage. Zeit, das Butterbrot auszupacken.

Wer noch einen besonderen Ort für die Hochzeit sucht: Im Musikzimmer des Anwesens kann man heiraten.

12

Eisenhüttenwerk Peitz
Hüttenwerk 1
03185 Peitz
035601 34417
www.peitzer-huettenwerk.de

Gasthaus Schillebold
Hüttenwerk 1
03185 Peitz
035601 719924
www.gasthaus-schillebold.de

Feuer und Wasser

Eisenhüttenwerk Peitz

Eines der spannendsten Museen ist das Peitzer Eisenhüttenwerk-Museum, insbesondere wenn man es mit einer Führung verbindet. Markgraf Johann V. ließ um 1550 in Peitz (niedersorbisch: Picnjo) ein Eisenhütten- und Hammerwerk errichten. Raseneisen wird aus sehr eisenhaltigen Bodensedimenten gewonnen, die im Spreewald häufiger vorkommen. Der Raseneisenstein und die bei der Verhüttung entstehende Schlacke wurden oft als Baumaterial verwendet. Aus dem Eisen wurden außerdem Arbeitsgeräte und Kanonenkugeln für die brandenburgisch-preußische Armee hergestellt. Daneben diente das Eisen zudem friedlichen Verwendungszwecken, zum Beispiel wurden hier auch Kirchenglocken gegossen.

Die originale und von 1810 stammende Hochofenhalle mit Gießerei ist beeindruckend, sie ist die älteste noch existierende Gießereianlage Deutschlands und sehr gut erhalten. Das Museum führt direkt durch den alten Betrieb. In der rekonstruierten Werkstatt informieren Schautafeln über den Prozess der Eisenverhüttung und den Industriestandort Peitz. Sehr empfehlenswert ist insbesondere für Kinder eine Führung mit Aluminium-Schaugießen. Man erlebt hautnah, wie plastische Gussfiguren mit Hilfe von Gussformen, Sand, Kohlenstaub und Lehm entstehen. Ein anstrengender Vorgang, man kann sich kaum vorstellen, wie Gießer diese Arbeit ganze Tage lang verrichtet haben. Das Schaugießen wird nur nach voriger Anmeldung veranstaltet, dazu wird auf Anfrage auch im alten Ofen Klemmkuchen gebacken, eine traditionelle Fastnachtsspeise mit Speck und Salz, die in der Lausitz weit verbreitet war – ein leckerer Abschiedsschmaus.

Der Besuch im Museum ist kurzweilig und dauert höchstens eine Stunde, daher bietet sich anschließend ein Abstecher des Fischereimuseums über Binnenfischerei und die Peitzer Karpfenzucht an, das sich auf dem gleichen Gelände befindet.

Den Ausflug mit einer anschließenden Einkehr direkt nebenan im Gasthaus Schillebold abrunden und ein traditionelles Karpfengericht essen.

13

Lehrpfad Peitzer Teiche
Startpunkt: Eisenhütten-
werk Peitz
Hüttenwerk 1
03185 Peitz

Informationen:
Tourist-Information
Peitzer Land
Markt 1
03185 Peitz
035601 8150
www.tourismus.peitz.de

DES GRAFEN SEIN KARPFEN

Lehrpfad Peitzer Teiche

Nördlich von Cottbus, zwischen der ehemaligen Tagebauregion bei Lakoma und dem kleinen Ort Peitz, liegt die größte zusammenhängende Teichlandschaft Deutschlands. Die Fischerei war im 17. bis ins 19. Jahrhundert ein wichtiger Wirtschaftsfaktor im ganzen Spreewaldgebiet und noch heute wird hier sehr gerne Fisch gegessen, insbesondere der Karpfen.

Bereits Mitte des 16. Jahrhunderts wurden etwa 1.000 Hektar guten Ackerlands im Peitzer Land geflutet, vermutlich, um zusätzlichen Schutz für die Peitzer Festung zu bieten, die zur selben Zeit vom Markgraf Johann von Küstrin gebaut wurde. Seitdem wird hier Fischzucht mit Karpfen betrieben. Die Peitzer sind stolz auf diese Tradition, deshalb finden in Peitz Feste rund um den Fischfang statt und in jedem Restaurant in der Gegend bekommen Sie den berühmten Peitzer Karpfen auf den Tisch, der schon dem preußischen Hof geliefert wurde.

Ein Besuch lohnt jedoch nicht nur kulinarisch. Das Gelände der Peitzer Teiche bietet äußerst idyllische Wandermöglichkeiten. Ein 2,3 Kilometer langer Teichlehrpfad führt längs durch das Wassergebiet, das mittlerweile ein Paradies für Naturbeobachter und Ornithologen ist. Seltene Wasservögel haben sich hier angesiedelt und man kann auf eigene Faust die Gegend entdecken. Besonders im Herbst ist ein Spaziergang wunderbar, denn rundherum explodieren hier die Farben, fast wähnt man sich im herbstlichen Schweden. Kommen Sie jedoch nicht zu spät: Im Spätherbst werden verschiedene Teiche abgefischt und trockengelegt.

Der Lehrpfad ist das Außenprojekt des Fischereimuseums, das sich im nahe liegenden Hüttenwerk befindet. Hier erfahren Sie viel über die traditionelle Binnenfischerei in der Spreewaldregion.

Von der Peitzer Festung ist ein großer Turm erhalten geblieben, der besichtigt werden kann. Baumeister war Graf Rochus zu Lynar, dessen Nachkommen sich in Lübbenau niederließen.

14

Freilichtmuseum Dissen: Stary lud
Hauptstraße 32
03096 Dissen-Striesow
035606 256
www.dissen-striesow.de

BEIM ALTEN VOLK

Freilichtmuseum Dissen: Stary lud

»Dobry źeń, luby gosć!« Guten Tag, lieber Gast! So begrüßt ein bestimmt 20 Meter langes Schild in sorbischer Sprache den Besucher. In drei Sprachen (Sorbisch, Deutsch, Englisch) werde ich nun von der Gegenwart immer weiter in die Vergangenheit geführt, erfahre, dass 1925 das erste Auto in Dissen (niedersorbisch: Dešno) fuhr, 1746 die Kartoffel von Friedrich dem Großen flächendeckend eingeführt wurde und die Ortschaft Dissen kurz vor der Erfindung des Buchdrucks entstand. Auch so mancherlei Verbindungen zur Weltgeschichte werden hier gezogen, zum Beispiel, dass zur Gründungszeit des Inka-Reiches in Südamerika gleichzeitig die ersten Dörfer in der Lausitz entstanden (um 1200).

Im slawischen Mittelalter angekommen, beginnt die Freilichtausstellung *Stary lud – Eine Begegnung mit dem alten Volk*. Eindrucksvoll führt sie mit mehreren originalgetreu nachgebauten und vollständig eingerichteten Grubenhäusern den Alltag der Slawen vor Augen, wie sie zu Zeiten der Lusitzer das Gebiet Brandenburgs besiedelten.

In einer Führung erfahre ich, dass meine Vorstellung vom grauen Mittelalter nicht ganz stimmt, weil schon die Slawen wussten, wie man Wolle in herrlichen Farben färben konnte. Ein Schmied im Dorf war bereits ein Luxus, den sich nicht jede Gemeinde leistete. Wie funktionierte damals ein Brennofen? Das Museum dient nicht nur der Wissensvermittlung, sondern auch der wissenschaftlichen Forschung, etwa über das Baumaterial der Grubenhäuser. An der Lösung dieses Rätsels wird hier praktischerweise an neuen Grubenhäusern getüftelt. Auch neue Kombinationen zum Färben von Leinen werden probiert.

Ein Besuch lohnt sich besonders zu den jährlich stattfindenden Projekttagen mit außergewöhnlichen Führungen und dem Fest des Slawischen Mittelalters, das jedes Jahr im Mai gefeiert wird.

Verpassen Sie nicht das dazugehörige Heimatmuseum nebenan, das die Traditionen und Geschichte der Sorben und Wenden aufbereitet.

15

Spreeaue Dissen
Startpunkt: Parkplatz Spreeaue
Kreuzung Spreeweg und Schweißgraben 6
03096 Dissen-Striesow
www.dissen-striesow.de

Informationen:
Naturkundezentrum Spreeaue e.V. / »SpreeauenHof«
Hauptstraße 32
03096 Dissen-Striesow
035606 429028
www.spreeaue.eu

AUF OCHSENTOUR

Spreeaue Dissen

Wer sich nach einem schönen Wanderweg sehnt, ist in der Spreeaue genau richtig: Zwischen Schmogrow und Döbbrick wurde die Spree renaturiert, die natürlichen Flusswindungen wurden wieder hergestellt und acht Teiche angelegt. Diese Maßnahme war ein Ausgleich für die Lakomaer Teiche, die aufgrund des Tagebaus Cottbus-Nord verschwanden. Ein Teil dieser Landschaft ist nun auch für Wanderer und Fahrradfahrer zugänglich und liegt genau im Spree-Knick zwischen Dissen-Striesow und Maiberg.

Mit dem Fahrrad von Cottbus aus führt mich der Weg an einem späten Sommertag hierher. Es ist heiß und kaum ein Mensch ist unterwegs. Informationstafeln markieren den Startpunkt. Ich erfahre, dass sich Biber in den Auen wohlfühlen und Auerochsen und Wasserbüffel hier grasen, um die Renaturierung zu fördern, denn der Kot der Tiere düngt den Boden. Durch ihr Weideverhalten begünstigen sie den Lebensraum vieler Kleinstlebewesen. Beeindruckend: Über 146.000 Amphibien und deren Larven wurden umgesiedelt, um sich in der Aue zu verbreiten!

Es gibt zwei vorgeschlagene Routen, ich entscheide mich für die Ochsentour. Los geht es an den Fischteichen, diese werden bewirtschaftet und dienen auch Fischottern als Nahrungsquelle. Der Weg ist nicht geteert, mit dem Fahrrad jedoch gut zu befahren. An Bächen und Fließen geht es entlang, dann wechseln sich Seen mit Wiesen ab. Schilder an den Wegesrändern klären über Renaturierungsmaßnahmen und das richtige Verhalten gegenüber den Auerochsen auf. Jetzt schaue ich aufmerksamer umher, und tatsächlich: Auf einer Wiese, etwa 40 Meter von mir entfernt, steht eine Herde der »Ur-Ochsen«, bestimmt 30 Tiere. Was für ein imposanter Anblick! Und die Wasserbüffel? Die habe ich nicht mehr gesehen, vor lauter Aufregung über die Auerochsen habe ich glatt vergessen, nach ihnen Ausschau zu halten.

Die Ochsen sind selbstverständlich eingezäunt und weiden teils weiter entfernt. Für gute Fotos benötigen Sie ein ordentliches Teleobjektiv.

16

Bismarckturm
Byhleguhrer Straße
03096 Burg (Spreewald)
0171 4112556

Informationen:
Touristinformation Burg im Spreewald
Am Hafen 6
03096 Burg (Spreewald)
035603 750160
www.burgimspreewald.de

WO DIE LEUTCHEN WOHNTEN

Bismarckturm

Die Sagen und Legenden über den Schlossberg, auf dem sich der später errichtete Bismarckturm befindet, könnten viele Seiten füllen. Halten Sie kurz inne, wenn Sie am Bismarckturm die letzten Meter bergauf gehen. Lassen Sie den Gedanken sacken, dass an dieser Stelle eine eisenzeitliche Wallburg stand, welche die bedeutendste Burganlage der Lausitzer Kultur war. Später errichteten die Slawen hier ebenfalls eine Burg und der Sage nach hatte hier einst der Wendenkönig sein Schloss.

So sollen am Fuße des Schlossbergs einst die Lutkis (Luttchen) gelebt haben, kleine Wesen, die den Menschen zugetan waren. Zwar borgten sie sich von den Spreewäldern häufig Dinge aus, gaben diese jedoch immer wieder zurück. Obwohl sie sich in der Verneinungsform unterhielten, waren sie stets freundlich. Doch die zarten Ohren der kleinen Leute konnten die lauten Kirchenglocken nicht ertragen, und als immer mehr davon durch die Lande schallten, zogen sie sich weiter in die Erde zurück.

Der Schlossberg ist mittlerweile zu einem Hügel geschrumpft: Lange Zeit vermutete man aufgrund der vielen Sagen einen Schatz im Berg, nach dem immer wieder gesucht wurde. Die Buddelei verteilte die Erde und ein paar Spreewälder Bauern nutzten diese, um ihre Äcker aufzufüllen. Die seltsame Einkerbung an der nördlichen Seite, auf der heute der Fahrradweg verläuft, stammt vom Bau der Eisenbahntrasse der Spreewaldbahn im Jahr 1897. Bereits mit den Plänen für einen Aussichtsturm ausgestattet, kaufte der Landkreis das Gelände Anfang des 20. Jahrhunderts, 1917 wurde der Bau fertiggestellt. Von oben hat man einen wunderbaren Blick in die weite grüne Landschaft des Spreewalds. Während der DDR war der sogenannte Turm der Jugend nicht für die Öffentlichkeit begehbar. Nach der Wiedervereinigung erfolgte die Rückbenennung und Wiedereröffnung.

Jedes Jahr zu Pfingsten wird am Bismarckturm die Spreewälder Sagennacht gefeiert, mit Erzählungen, Theater und Lichtimpressionen.

17

Schlossberghof Burg
Byhleguhrer Straße 17
03096 Burg (Spreewald)
www.spreewald-biosphae-
renreservat.de

Interessengemeinschaft Bauernhaus e. V.
0170 3305519 oder
035604 40584

Hotel »Zum Stern« Werben
Burger Straße 1
03096 Werben (Wjerbno)
035603 660
www.hotel-stern-werben.de

TRADITION UND KRÄUTERKUNDE

Schlossberghof Burg

Ein ganzes Konglomerat an interessanten Gebäuden steht in der Byhleguhrer Straße 17, unweit des Bismarckturms. Gleich vornan steht ein Highlight des Spreewaldes: das Annemarie-Schulz-Haus. Mit etwa 300 Jahren ist es das älteste Haus in Burg (niedersorbisch: Bórkowy) und der ganze Stolz der Interessengemeinschaft Bauernhaus (IGB), der es zu verdanken ist, dass das alte Wohnstallhaus hier stehen kann. Dem Gebäude drohte der Abriss, also wurde es vom ursprünglichen Ort abgetragen, eingelagert und nach längerer Ortssuche an dieser Stelle in traditioneller Bauweise wieder errichtet. Viele ehrenamtliche Helfer arbeiten bis heute an der vollständigen Restaurierung.

Sonntags finden häufig Führungen statt, die interessante Details rund um die Anlage verraten. Wussten Sie zum Beispiel, dass man das Alter eines Blockbohlenhauses tatsächlich an den Jahresringen erkennen kann? Nebenan hat sich die *Lebenshilfe Werkstätten Hand in Hand* eingemietet, die hier ein großes Stück Land bewirtschaftet und die eigenen Erzeugnisse im Hofladen anbietet. Das Angebot reicht von leckerer Suppe bis zu selbstgekochter Marmelade – schauen Sie einfach mal rein und bewundern Sie nebenan den großzügigen, ökologisch bewirtschafteten Garten. Im gleichen Gebäude befindet sich die Biosphärenreservatverwaltung, in der regelmäßig Ausstellungen stattfinden.

Direkt gegenüber steht ein gemütliches Doppelstubenhaus von 1802. Bis vor kurzem befand sich hier die Spreewald Kräutermanufaktur von Spreewaldkoch Peter Franke, das Haus voller Kräuter und in der rustikalen Küche endlose Regale mit Eingekochtem. Bleibt zu hoffen, dass das Haus eine schöne neue Nutzung findet. Peter Franke kocht mittlerweile im Hotel Zum Stern weiter.

Im Sommer bietet der Weidendom direkt neben dem Parkplatz einen wunderbaren Anblick und ein schattiges Plätzchen.

Die Führungen für das Annemarie-Schulz-Haus können Sie über die Interessengemeinschaft Bauernhaus e. V. buchen.

18

Spreewaldmühle Burg
Hauptstraße 31
03096 Burg (Spreewald)
035603 1610
www.spreewaldmuehle.de

GEPUDERT UND GEMAHLEN

Spreewaldmühle Burg

Das vierstöckige Backsteingebäude neben dem Burger Hafen ist kaum zu übersehen, der Eingang dagegen ist klein. Vor der Tür liegen Mehl- und Kräutertüten, Müsliflocken und Leinöl aus. Das Ladeninnere ist nicht so groß wie erwartet, denn es nimmt nur einen Teil der Grundfläche des Hauses ein. Hinter einer großen Glasscheibe wird mit dem Mahlwerk das Herz der alten Spreewaldmühle offenbar.

Wer gerne Zungenbrecher lernt, merkt sich am besten das Wort »Braugerstenrohfruchtschrot«, um den Verkäufer in ein Gespräch zu verwickeln und nachhaltig zu beeindrucken. Während der DDR wurde jenes Schrot hier als Ersatz für Braugerste hergestellt. Nach der Wiedervereinigung übernahm der gerade erst 26-jährige Müllermeister Uwe Kümmel die Mühle. Zusammen mit der modernen Schälmühle in Vetschau werden hier verschiedene Spezialmehle, Backmischungen und Mehlflocken produziert und angemischt. Der Mitarbeiter erzählt mir bereitwillig Wissenswertes aus der Geschichte der Mühle und über die Herstellung der Mehlsorten. Die ursprüngliche Mühle, die vermutlich schon im 13. Jahrhundert bestand, wurde 1903 bei einer Mehlstaubexplosion durch ein Feuer zerstört und 1904 in der heutigen Form wieder aufgebaut. Dienstags und donnerstags werden Führungen durch die Mühle angeboten. Gäste sind gerne gesehen, häufig kommen Schulklassen aus der Gegend, denn die Spreewälder nehmen das Angebot gerne an, altes Handwerk ihren Kindern zu vermitteln.

Ich wühle mich durch Roggen- und Weizenmehl, Kamut, Dinkel und Haferflocken und habe wieder einmal nicht genügend Bargeld dabei, denn auch hier gilt wie so häufig im Spreewald »nur Bares ist Wahres« – vergessen Sie also Ihre Kreditkarte. Letztendlich entscheide ich mich für eine Müslimischung, Mehl und Kardamomgewürz und werde nächstes Mal hoffentlich an einen großen Beutel und mehr Bargeld denken!

Die genauen Zeiten der Führungen erfahren Sie auf der Website.

19

Heimatstube Burg
Am Hafen 1
03096 Burg (Spreewald)
035603 75729

Spreehafen Burg
Am Hafen 1
03096 Burg (Spreewald)
035603 75800
www.spreehafen-burg.de

SCHÖN UND ALT

Heimatstube Burg

Die Heimatstube Burg könnte Ihre erste Adresse im Gemeindeteil Burg-Dorf sein, wenn Sie den Oberspreewald besuchen. Das spreewaldtypische Blockbohlenhaus stand noch 1990 in Burg-Kauper, im Norden der Streusiedlung Burg, und wurde als eines von mehreren Gebäuden eines Dreiseitenhofes an den Hafen versetzt. Nebenan befindet sich ein altes Galeriehaus, das als Stall diente. Dahinter können Sie direkt eine Kahnfahrt starten.

Heute beherbergt das historische, reetgedeckte Haus ein kurzweiliges Museum, das über die außergewöhnliche kulturelle Entwicklung des Spreewaldes und Entstehung der Streusiedlung Burg informiert. Von der Ansiedlung der Lusici, eines westslawischen Stammes, woraus einst der Name »Lausitz« entstand, bis zu den Sorben, die hier im Spreewald mal Wenden, mal Niedersorben genannt werden. Mich verwickelt die Frage nach den etwas verwirrenden Bezeichnungen der Sorben und Wenden in ein interessantes Gespräch mit der Museumsleiterin, die gerne ihr umfangreiches Wissen teilt. Ob die Niedersorben einen etwas anderen Ursprung haben als die Obersorben und deshalb auch Wenden genannt werden, ist nicht abschließend geklärt. Sicher ist, dass man sorgfältig zwischen dem Niedersorbischen und Obersorbischen unterscheiden muss, auch wenn beide Sprachen miteinander verwandt sind.

Ein Schwerpunkt der Ausstellung liegt auf den aufwendigen Burger Trachten. Noch bis ins 20. Jahrhundert wurden die besonderen Gewänder regelmäßig getragen, heute sind sie nicht mehr verbreitet. Je nach Ort gibt es unterschiedliche Hauben und Muster. Ein Kenner weiß sofort, ob eine Tracht aus Burg oder aus Lübbenau stammt. Die Stube ergänzt mit originalen Einrichtungsgegenständen die Darstellung des sorbischen Lebens von früher.

Der Burger Hafen ist nicht unbedingt der schönste der Gegend, aber einer der geschäftigsten. So können Sie hier auch im Winter ziemlich sicher spontan eine Glühweinkahnfahrt machen.

20

Café Geschichtsstübchen Burg
Am Hafen 2
03096 Burg (Spreewald)
035603 468
geschichtsstuebchen-burg.business.site

FILM AB!

Café Geschichtsstübchen Burg

Hinter dem Hafen in Burg lädt ein kleiner, versteckter Biergarten zum Sitzen ein, eine Miniatur-Spreewaldbahn dreht derweil ihre Runden. Wer im Geschichtsstübchen einkehrt, sollte zuerst die Karte studieren: Leckerste süße und herzhafte Plinze werden hier angeboten, die berühmten Hefe-Eierkuchen, die je nach Region und Rezept mal mit »s«, mal mit »z« geschrieben werden.

In der Karte finden sich zwischen den angebotenen Gerichten alte Schwarz-Weiß-Fotos vom Gasthaus, das einst im Jahr 1907 von Heinrich Steffen und seiner Frau Anna gegründet wurde. Der vielbegabte Heinrich arbeitete zuvor als Fotograf, Homöopath, Musiker, Maler und Schriftsteller. Auf meine neugierigen Fragen hin bekomme ich eine Privatführung durch das zauberhafte Café mit romantischer Einrichtung. Ingmar Steffen zeigt mir die Fotografien seines Urgroßvaters, einige Relikte von damals und sogar der originale, museumsreife 36-Millimeter-Filmprojektor steht noch hier, an dem Heinrich Filme vorführte und dabei ordentlich kurbeln musste. Schwere Jahre waren es, bis das Gasthaus eröffnen konnte, erzählt mir der heutige Gastwirt. Insbesondere für einen zugereisten Feingeist, der sich eher als Geschichtsschreiber eignete denn als Bauer, waren die Einkommensquellen begrenzt. Das änderte sich mit dem beginnenden Tourismus um die Jahrhundertwende, und als das Gasthaus eröffnet hatte, begannen gute Jahre für die Familie. Das alte Haus diente als Verkaufsladen für Fotografien und Fotobedarf, bis Ingmar Steffen es gemeinsam mit Sohn Daniel 2014 als Gasthaus nach historischem Vorbild wiedereröffnete. Hier arbeitet er stetig die vielen Fotografien, Tagebücher und Schriften seines Urgroßvaters auf.

Bevor ich gehe, erhalte ich noch eine kleine Kostprobe von den alten Tagebuchaufzeichnungen, Buch um Buch, Seite um Seite in winziger Schrift. Vielleicht wird ja eines Tages doch noch ein Roman daraus.

Herr Steffen hält regelmäßig und auf Nachfrage Vorträge über die alte Zeit und liest aus den Aufzeichnungen seines Urgroßvaters vor – das ist sowohl amüsant wie aufschlussreich.

21

Urban's Eis- und Kaffeeladen
Hauptstraße 39
03096 Burg (Spreewald)
035603 448
www.cafe-urban.de

DIE QUAL DER WAHL

Urban's Eis- und Kaffeeladen

Wer kein Gurkeneis im *Urban's* gekostet hat, war nicht im Sommer im Spreewald – oder hat den berühmtesten Eisladen der Region verpasst. Damit Ihnen das nicht passiert: Der kleine Laden mit den frischen Grüntönen schmiegt sich in eine beige Hauswand in der Hauptstraße in Burg, nicht gerade direkt am Hafen, aber der fünfminütige Spaziergang ist es auf jeden Fall wert.

Die Eis-Auswahl ist zwar nicht riesig, die Entscheidung fällt jedoch umso schwerer, denn es locken leckere Sorten. Wer es ganz spreewäldlerisch angehen will, probiert erst das Leinöl-Quark-Eis, das mit seinem herben Geschmack vermutlich polarisiert. Anschließend gibt es das Gurken-Eis, das wohl niemand ausschlagen kann: Die samtige Milchspeise bekommt durch die Gurke den grandiosen Frischekick des Sommers. Wer möchte, kann noch diverse Zutaten obendrauf bekommen, Streusel, Nüsse und verschiedene Soßen.

Seit 1972 besteht das Geschäft bereits und wird heute in zweiter und dritter Generation bewirtschaftet. An der Wand hängt eine Urkunde für die eingetragene Marke des Gurkeneises, denn Fred Urban, der Großvater, hat das Rezept in den 80er-Jahren selbst kreiert. Selbstverständlich werden dafür die Spreewälder Gurken genutzt und überhaupt legen die Nachfahren viel Wert auf Nachhaltigkeit. Alles ist handgemacht, vom Eis bis zur Torte, und die Zutaten kommen möglichst aus der Region: Das Mehl für den Kuchen stammt von der Spreewaldmühle nebenan, Bio-Milch für das Eis aus dem Nachbarort, die Säfte aus der Mosterei Jank in Burg-Kolonie.

Mein Eis genieße ich auf einer der Holzbänke vor der Tür und lasse mir dabei die Sonne aufs Gesicht scheinen. Als ich bei den letzten Tropfen angekommen bin, frage ich mich nur: nochmal Gurke oder jetzt eine andere Sorte?

Ein schöner Sommer-Spaziergang zum Hafen führt von hier aus in die Bahnhofstraße und nach 100 Metern rechts in die Straße Am Hafen unter der schönen blumenberankten Pergola am zentralen Festplatz entlang.

22

Hotel Bleske
Hauptstraße 43
03096 Burg (Spreewald)
035603 210
www.hotel-bleske.de

DES BÄCKERS SCHMETTERLINGE

Hotel Bleske

Es existiert nicht umsonst eine gleichnamige Bushaltestelle in Burg: Das Hotel Bleske ist allseits bekannt und wird bereits in vierter Generation betrieben. Etwas kleinlaut checke ich hier ein, denn ich habe eigentlich ein Doppelzimmer reserviert, bin nun aber doch alleine unterwegs. Überhaupt kein Problem, winkt Herr Bleske höchstselbst an der Rezeption ab, das kann ja immer mal passieren. Das ist also die Gastfreundschaft des Spreewalds – und außerdem der Vorteil, wenn man einfach per Telefon und nicht über große Buchungsplattformen bucht, wo Gebühren diese unkomplizierte Umbuchung schlecht zugelassen hätten. Wir plaudern ein bisschen über den Spreewald und die Schwierigkeit, heutzutage Personal im Service zu bekommen. Dann übergibt er mir meinen Zimmerschlüssel.

Mein gemütliches Einzelzimmer erreiche ich über einen kleinen Balkongang. Neben jeder Tür steht ein kleiner Tisch mit Stuhl – ein schöner Balkonersatz. Im Restaurantbereich lasse ich mir einen Kaffee bringen und bewundere die riesige Schmetterlingssammlung. Auf meine Frage, ob die echt sind, muss Herr Bleske ein bisschen lachen. Die seien nicht nur echt, erzählt er mir, die habe sein Großvater gesammelt. Der war nämlich Bäckerlehrling in Vetschau, obendrein im Weltschmetterlingsbund und ließ sich aus aller Welt verschiedene Raupen und Puppen zuschicken. Diese brütete er dann mit Hilfe der Ofenwärme in der Bäckerei aus.

Zugegeben, das Aufspießen der Schmetterlinge empfinden wir heute als furchtbar. Andererseits: Hätte es solche Leute wie Herrn Bleske damals nicht gegeben, würden wir viele dieser herrlichen Exemplare heute nicht bewundern können, denn einige von ihnen dürften längst ausgestorben sein. Und während ich an meinem Kaffee nippe, denke ich, dass manche Dinge es wirklich wert sind, bewahrt zu werden. So wie das Hotel Bleske.

Hier geht es sehr persönlich zu: Wenn Sie Tipps für Ihren Spreewaldbesuch benötigen oder eine Kahnfahrt machen möchten, fragen Sie im Hotel. Hier hilft man Ihnen gerne mit vielen Tipps weiter.

23

Pfarrkirche Burg
Kirchweg 22
03096 Burg (Spreewald)
035603 455
www.kircheburg.de

FÜR ALLE SCHÄFCHEN

Pfarrkirche Burg

Vielleicht ist es nicht Ihr dringlichstes Anliegen, sich im Spreewald Kirchen anzuschauen. Ein Besuch der Pfarrkirche Burg lohnt sich jedoch ganz besonders, denn sie ist mit der Burger Geschichte eng verknüpft. Zu Beginn des 18. Jahrhunderts zählte das Dorf Burg nur wenige Einwohner, die sich zwischen den Fließen des Spreewaldes niedergelassen hatten. Die Umgangssprache war Wendisch (Niedersorbisch), eine Kirche gab es nicht. Offiziell war sogar das Bauen neuer Häuser durch König Friedrich II. verboten, manch mitternächtliche Bauaktion umging jedoch diesen Erlass. Erst Mitte des 18. Jahrhunderts förderte der Preußenkönig weitere Ansiedlungen durch Vergabe von je 18 Morgen Land zur Urbarmachung an überwiegend Nicht-Preußen – die sogenannten Kolonisten. So entstanden die westlich gelegenen Streusiedlungen Burg-Kolonie und Burg-Kauper im Norden. Der Begriff »Kauper« stammt vom sorbischen Wort »Kupa« und steht für Insel. Viele weitere kleine Kanäle und Fließe entstanden, um die einzelnen Höfe zu erreichen.

Durch den Anstieg der Bevölkerungszahl wuchs der Wunsch nach einer eigenen Kirche. Das zuerst errichtete Gebetshaus war schnell zu klein, das zweite wurde durch einen Großbrand vernichtet. Am 11. November 1804 feierte man die Einweihung der Pfarrkirche Burg. Da der kulturelle Hintergrund der Bevölkerung mittlerweile sehr unterschiedlich war, wurde auf Wendisch und Deutsch gepredigt. In der Zeit des Nationalsozialismus war die Ausübung der wendischen beziehungsweise sorbischen Kultur verboten, wann der letzte wendischsprachige Gottesdienst stattfand, ist nicht bekannt.

Als offene Kirche ist das Gebäude heute täglich geöffnet. Ein Blick lohnt insbesondere wegen der zwei übereinanderliegenden Emporen, die eine große Kirchengemeinde fassen konnten, und der vor dem Eingang stehenden Luther-Eiche, die 1883 anlässlich des 400. Geburtstages von Martin Luther gepflanzt wurde.

In der Kirche finden regelmäßig Konzerte statt, die auf der Website angekündigt werden.

24

Töpferstübchen Möbert
Kurparkstraße 17
03096 Burg (Spreewald)
035603 61887
www.keramik-moebert.de

Keramikwerkstatt und Verkauf
Taubenstraße 24
03046 Cottbus
0355 23116
www.keramik-moebert.de

IM SCHÖNSTEN STALL

Töpferstübchen Möbert

Das romantische Bohlengaleriehaus mit den typischen Schlangenköpfen am Dach ist eines der schönsten Gebäude in Burg. Bei einem Besuch können Sie der Töpfermeisterin über die Schulter schauen.

Die sanft gurgelnden Seidenhühner, die im Garten neben dem Eingang herumlaufen, lenken mich zunächst etwas ab. Mit der Hühnerhaltung hat Töpferin Ilona Möbert eine kleine Passion neben ihrer Töpferei gefunden. Im beeindruckenden alten Haus befinden sich die kleine Töpferwerkstatt und der Ausstellungsraum mit Krügen, Vasen, Geschirr, Lampen und mehr. In traditioneller Handarbeit werden die Stücke direkt vor Ort hergestellt und im Freibrandofen gebrannt. Als ich mich umsehe, finde ich in der Ecke einen kleinen Bildschirm, der den Aufbau des Hauses im Zeitraffer darstellt, und staune nicht schlecht. Ob sie das Haus etwa selbst aufgebaut haben, frage ich fasziniert. Genau so ist es. Zusammen mit ihrem Mann, Liebhaber der alten Spreewaldhäuser und Restaurator, erwarb sie das Grundstück in den 1990er-Jahren. Dem darauf befindlichen Haufenhof – ein Hof mit mindestens drei Gebäuden – drohte zu diesem Zeitpunkt der Verfall. In jahrelanger Handarbeit und mit der alten Spreewälder Bohlenbauweise bauten die beiden erst das Doppelstubenhaus wieder auf, das heute im hinteren Teil des Hofes steht. Das Bohlengaleriehaus diente an anderer Stelle einst als Viehstall und Scheune. Die Möberts ließen es abtragen und errichteten es in traditioneller Bauweise auf ihrem Hof. Auf dem Obergeschoss, nur über die Außenstiege zu erreichen, wurde ursprünglich Getreide gelagert.

Geöffnet hat das Töpferstübchen von April bis September, denn Familie Möbert wollte die schönen Holzwände nicht durch eine Dämmung verdecken, und somit dürfen sie hier auch nicht heizen – dem Umweltschutz zuliebe. An kühlen Tagen wird im dicken Pullover getöpfert.

Im dazugehörigen Keramikatelier in Cottbus werden regelmäßig Keramikkurse für Anfänger und Fortgeschrittene angeboten.

25

Koigarten Willischza
Willischzaweg 5
03096 Burg (Spreewald)
035603 756473
www.koigarten-burg.de

PREUSSE TRIFFT ASIEN

Koigarten Willischza

Den Koigarten Willischza besuche ich erst spät im tiefen Herbst, denn er liegt leicht abgelegen. Vom Bismarckturm und der gleichnamigen Bushaltestelle ist es ein 1,5 Kilometer langer Fußmarsch. Schon von außen ahne ich: Den Garten habe ich unterschätzt. Das dicht bepflanzte Areal umfasst rund 8.000 Quadratmeter, viele geschwungene Wege, die nur einzelne Sichtachsen erlauben, sonst aber keinen Blick auf das Gesamtkunstwerk freigeben. Nach jeder Biegung bietet sich eine neue asiatische Überraschung, garniert mit diversen Brücken, Teichen und unzähligen Skulpturen. Hinter dem japanischen Tor steht ein chinesischer Drache und Krieger, ein Stück weiter sinniert eine indische Shiva. Mein Lieblingsstück ist über einen Meter groß – ein Zentaur mit prachtvollen Pegasusflügeln, der mit seiner Partnerin in Ekstase schwelgt.

Angelegt wurde der Garten als Hobby und aus Liebe zu asiatischen Kulturen vom Pathologen Dr. Eckhard Albert, der sich gerne als Preußenkönig verkleidet, durch seinen Garten führt und auch bei wendischen Spreewaldfesten auftritt. Er möchte verdeutlichen, dass insbesondere der Preußenkönig Friedrich Wilhelm I. und sein Sohn maßgebend für die Besiedlung von Burg-Kauper und Burg-Kolonie waren. Praktischerweise führt diese offizielle Preußentradition dazu, dass Albert hier im Biosphärenreservat seinen asiatischen Garten behalten darf, erzählt er mir zwinkernd, denn die Aufsichtsbehörde war von dem neuen Kulturraum anfangs wenig begeistert. Nur durch die Auflage, den Koigarten öffentlich zugänglich zu machen, durfte er die Anlage weiterführen.

Zum Abschluss nehme ich noch einen Tee im nachgebauten japanischen Teehaus. Das Plätschern des kleinen Wasserfalls und die ruhige Atmosphäre sorgen für Entspannung. Ich komme sicherlich noch einmal wieder.

Genug Zeit nehmen! An mehreren Tagen in der Woche hat die Gastronomie geöffnet. Alle Öffnungszeiten stehen auf der Webseite.

26

Restaurant
Zur Kräutermühle
Kurparkstraße 7B
03096 Burg (Spreewald)
035603 61442
www.kraeutermuehlenhof.de

UNTER MÜLLERS FLÜGELN

Restaurant *Zur Kräutermühle*

Original ist hier nur das alte Holz, mit dem ein ganzer Umgebindehof nachgebaut wurde. Das auffällig schöne Ensemble aus dunklem Holz gleich neben dem Kur- und Sagenpark in Burg besteht aus einer Pension, der Kräuterscheune, die als Festsaal und für Hochzeiten gemietet werden kann, und einem Restaurant mit Biergarten, der Kräutermühle.

Angeblich soll an diesem Ort tatsächlich einmal eine alte Bockwindmühle gestanden haben. Die historisch nachempfundenen Mühlenflügel machen die Illusion einer echten Mühle perfekt und man vermutet kaum, dass es um einen gekonnten Nachbau handelt. Tatsächlich entstand dieser erst im Jahr 2002. Getrocknete Kräuter und Blumen vom Feld schmücken die verschiedenen Räume, in denen man urig zwischen Holzbalken, auf Emporen oder in den verwinkelten Ecken sitzt – ganz wie in einer richtigen Mühle. Wer früh genug reserviert – das Restaurant ist sehr beliebt –, findet hier garantiert ein gemütliches Plätzchen. Serviert wird traditionelle Landhausküche mit regionalen Zutaten, auf den guten Ruf ihrer Küche sind die Besitzer mit Recht stolz. Das gebratene Zanderfilet in Apfel-Meerrettichsoße und der Spreewald-Burger mit Rinderhacksteak und Bacon werden überaus gerne gegessen, der geschmorte Hirschbraten ist ein Gedicht. Natürlich bekommt man hier auch die Klassiker wie eine Gurkenvariation, die Vetschauer Grützwurst oder Kartoffeln mit Leinöl und Quark.

Im Sommer setzt man sich am besten in den schönen Biergarten und genießt eine unglaublich leckere und erfrischende kalte Gurkensuppe. Anschließend geht es auf einen Spaziergang in den Kur- und Sagenpark, oder vielleicht sollte ich doch gleich bleiben, mich ein paar Tage in der Pension einmieten und eine entspannende Kahnfahrt machen.

Achten Sie im Winter auf die verkürzten Öffnungszeiten, denn dann ist hier keine Saison.

27

Kur- und Sagenpark Burg
Startpunkt:
Kräutermühlenhof
Kurparkstraße 7c
03096 Burg (Spreewald)

Informationen:
Touristinformation
im Haus des Gastes
Am Hafen 6
03096 Burg (Spreewald)
035603 750160
www.burgimspreewald.de

VON DRACHEN UND WASSERMÄNNERN

Kur- und Sagenpark Burg

Wer Lust auf einen Spaziergang im Grünen hat und ein bisschen die Sagen des Spreewaldes lernen möchte, sollte sich in den Sagenpark in Burg verlaufen. Direkt am Eingang neben dem Kräutermühlenhof beginnt der kleine Ausflug, eine Tafel zeigt verschiedene Möglichkeiten für einen Rundweg auf, von kurz bis lang.

Ich merke mir die Position der einzelnen Märchengestalten und laufe sie nacheinander ab. Jede Figur steht für eine Sage, auf kleinen Schildern wird die jeweilige Geschichte kurz nacherzählt. Die meisten davon kenne ich schon, zum Nachschlagen habe ich ein Buch mitgebracht, denn ich liebe die alten Geschichten des Spreewaldes. Viele Sagengestalten sind nicht sehr freundlich und dienen zur Abschreckung, zum Beispiel sollen Kinder davon abgehalten werden, alleine an den Fließen zu spielen. Andere sind Ausdruck von Dankbarkeit und Hoffnung der Sorben auf ein reiches und erfülltes Leben: Da gibt es die gruselige Mittagsfrau, wendisch »přezpołnica«, die den Bauern dazu ermahnt, mittags eine Stunde zu ruhen. Tat er das nicht, würde sie kommen und ihn mit der Sense niedermähen. Ein Stück weiter entdecke ich den Wassermann, wendisch »nyks«, der mit seinen Töchtern in den Fließen leben soll. Besonders die Kinder sollten sich vor ihm fürchten: Bei einsamen Streifzügen im Wald zieht der Wassermann sie vielleicht unter Wasser. Aber auch der Glücksdrache Plon findet sich hier, ein kleiner, netter Drache, der auf Dachböden lebt und mit Keksen und Hirsebrei gefüttert werden will. Ist er glücklich, bringt er das Glück auch zu denen, die ihn füttern. Ist er unglücklich, bekommen die Bewohner das zu spüren.

Der Park selbst ist mit seinem Rosengarten, einem Kräutergarten und einer Streuobstwiese eine Augenweide. Alte Baumbestände geben Schatten und in den Linden summen die Bienen.

Am Park befindet sich ein großer Spielplatz für die Kinder – perfekt für eine kleine Familienauszeit.

28

Alte Ladenstraße im Reclame-Café
Am Bahnhof 1
03096 Burg (Spreewald)
035603 187650
www.spreewaldbahnhof-burg.de

DENKWÜRDIG MERKWÜRDIG

Alte Ladenstraße im Reclame-Café

Wer in die Ladenzeile über dem Reclame-Café gehen möchte, zahlt entweder ein paar Euro nur für das Museum oder gleich für einen anschließenden Abstecher ins Café dazu, ohne zu wissen, was einen erwartet, denn die Ladenzeile befindet sich im Obergeschoss. Diese Bezahlweise ist etwas merkwürdig, genau wie das gesamte Ensemble an sich. Der Eintritt ist es jedoch wirklich wert, denn es ist einfach nur verrückt, was hier in vielen, vielen Jahren zusammengetragen wurde. Dem ein oder anderen Gast bleibt auch glatt der Mund offen stehen: Neben mir staunt ein Pärchen ungläubig und lacht, wir wähnen uns fast in einer perfekten Kulisse vom Studio Babelsberg. Eine komplett nachgebildete Geschäftsstraße befindet sich hier auf engstem Raum, inklusive Bodenpflaster, Straßenlaternen und natürlich hinterlegt mit der entsprechenden Geräuschkulisse.

»Reklame und Verpackung als Zeitreise in die Vergangenheit«, titelt der Eingang korrekt. Von einer kompletten historischen Apothekeneinrichtung, Blechschildern, die Kolonialwaren anpreisen, über Süßigkeiten und Krämerladen – alles aus früheren Zeiten. Über die Hintergründe des Museums erfahre ich wenig, es scheint, als wäre hier ein Liebhaber einfach seiner Sammelleidenschaft für schöne alte Werbetafeln und Umverpackungen nachgegangen, und dann kam einfach eins zum anderen.

Etwas unbeholfen muten jedoch die kleinen politischen Botschaften an, die hier und da per Zeitungsartikel oder selbstgeschriebenem Zettel zwischen die Exponate geklebt sind: »Deutsche surfen zu viel«, heißt es zum Beispiel. Auch die früher so beliebten »Mohrenköpfe« und eine Reichskriegsflagge des Deutschen Kaiserreiches haben ohne jeglichen Kontext einen etwas faden Beigeschmack. Bei einem Kaffee im Reclame-Café im Stil der 20er-Jahre kann man den Besuch anschließend gedanklich sacken lassen.

Fragen Sie nach einer Fotoerlaubnis – Sie möchten hier garantiert knipsen!

29

Spreewaldbahnhof Burg
Am Bahnhof 1
03096 Burg (Spreewald)
035603 842
www.spreewaldbahnhof-burg.de

WO DIE GUSTE BIMMELTE

Spreewaldbahnhof Burg

Wenn ich am Spreewaldbahnhof Burg vorbeikomme, schaue ich das schöne Fachwerkhaus an und seufze stets ein bisschen. Wie toll wäre das, wenn die Spreewaldbahn noch heute fahren und Cottbus mit Burg verbinden würde und man den Spreewald mit dieser hübschen Schmalspurbahn entdecken könnte?

Die Spreewaldbahn wird von den meisten Touristen mit dem Spreewaldbahnhof in Burg verbunden, dabei lag der eigentliche zentrale Betriebsbahnhof in Straupitz. Mit 1.000 Millimeter Spurweite fuhr sie ab 1898 von Lübben über Neu Zauche, Straupitz, Byhleguhre und Burg nach Cottbus. Ein Abzweig bediente die Strecke Lieberose – Schmogrow. Der Bau kostete 4.800.000 Mark und war teils recht aufwendig: Um von Byhlen nach Burg zu gelangen, war zum Beispiel ein großer Einschnitt in den Schlossberg erforderlich, bei dem archäologische Funde aus der Bronzezeit gemacht wurden, welche die Fertigstellung der insgesamt 100 Kilometer langen Gleisstrecke noch einmal verzögerten.

Die Spreewaldbahn Aktiengesellschaft Lübben wurde 1945 aufgelöst, ab 1949 war die Deutsche Reichsbahn Betreiberin und entschied zügig das Ende der Bahn. Zwischen 1958 und 1970 wurde der Betrieb nach und nach eingestellt und die Gleise abgebaut. Seit den 1990er-Jahren gab es viele Diskussionen um die Wiederaufnahme einiger Teilstrecken, zum Beispiel zwischen Straupitz und Burg oder Burg und Cottbus. Aufgrund fehlender Finanzierung wurden die Ideen jedoch nie konkret. Stattdessen gründete sich in Straupitz der Verein IG Spreewaldbahn, der einige Gleismeter wieder aufbaute und heute Waggons und Loks der Spreewaldbahn ausstellt. Auch in Burg kann man hinter dem Bahnhof auf den verbliebenen Gleismetern verschiedene Wagen besichtigen und seit 1995 den Erlebnisbahnhof im Spreewaldbahnhof erleben.

Im Volksmund nannte man die Spreewaldbahn Bimmelguste. In Anlehnung daran fährt heute die kleine Touristenbahn *Rumpel-Guste* Gäste durch die Streusiedlung Burg.

30

Spreewald Therme
Ringchaussee 152
03096 Burg (Spreewald)
035603 18850
www.spreewald-therme.de

Spreewald Thermenhotel
Ringchaussee 152
03096 Burg
035603 18850
www.spreewald-
thermenhotel.de

IN SALZEN SCHWEBEN

Spreewald Therme

Sind Sie auch so ein Wasser-Fan wie ich? Wenn eine besonders stressige Woche hinter mir liegt, gibt es für mich nichts Entspannenderes als den Besuch einer Therme, von denen wir in Brandenburg glücklicherweise mehrere haben. Das Solebad der Spreewald Therme ist in mehrerer Hinsicht etwas Besonderes: Fünf der acht Becken werden mit Solethermalwasser gespeist, das seinen Ursprung direkt unter der Therme hat. Reich an vielen wertvollen Mineralien, ist das Wasser besonders gut für Lunge und Haut. Die leichte Bewegung sowie das Treiben in hoch salzhaltigen Intensivsolebecken stimulieren die Muskeln auf besonders gelenkschonende Weise.

Die verschiedenen Grüntöne, schrägen Pfeiler und Mosaike symbolisieren den Spreewald mit seinen Wässern, Bäumen und dem Schilf und wirken gleichsam sehr entspannend. Im Bad ist es zudem sehr ruhig, die Spreewald Therme ist sozusagen das erwachsene Pendant des Spaßbades der Spreewelten in Lübbenau.

Um mich optimal zu erholen, halte ich mich an die Empfehlungen: Ich komme zwar nicht mit dem Fahrrad, schwimme aber erst einmal ein paar Bahnen im großen Becken. Mit dem in Schwung gebrachten Kreislauf begebe ich mich in die Saunalandschaft und habe die Qual der Wahl: ins Dampfbad oder die Feuersauna? Ich entscheide mich, wie immer im Spreewald, regionstypisch für die Kräutersauna im Blockhaus. Nach einer Ruhepause vor dem Kamin drehe ich ein paar Runden im Außengelände und lasse mich im Sprudelbecken vollblubbern. Noch schöner wird es hier nur, wenn die Nacht hereinbricht, die Lichter angehen und das ganze Bad in Blau- und Grüntöne getaucht wird. Dann lasse ich mich im Solebecken wie im Toten Meer dahintreiben und denke: Drei Stunden Therme und das Gefühl einer ganzen Urlaubswoche in meinem Körper – herrlich.

Das Restaurant bietet mit hausgemachter Limonade und vom Hering bis zum Rumpsteak an die regionale Küche angelehnte, vielfältige Speisen. Das zugehörige Thermen-Hotel ist sehr beliebt und offeriert verschiedene Kombi-Angebote.

31

Rumpel-Guste
Ringchaussee 152
(Start-Haltestelle)
03096 Burg (Spreewald)
035603 754010
www.rumpel-guste.de

IN DER BIMMELBAHN

Rumpel-Guste

Ja, Sie können es mir ruhig glauben: Ich habe mich tatsächlich in eine Bimmelbahn für Erwachsene gesetzt. Zugegeben, ganz freiwillig war das anfangs nicht.

Es ist ein sehr heißer Sommertag und ich habe mir vorgenommen, den Weg von Leipe nach Burg zu laufen, um den Spreewald in Ruhe kennen zu lernen. Unterwegs überholt mich die Rumpel-Guste und mein sehnsüchtiger Blick verrät wohl dem Fahrer, dass ich lieber aufsteigen würde, statt weiterzulaufen. Erleichtert seufzend lasse ich mich auf einen Platz zwischen eine gutgelaunte größere Touristengruppe plumpsen. Gespannt lausche ich den Geschichten des Fahrers, der uns erzählt, was es rechts und links des Wegs zu sehen gibt. Statt sich also bei der Hitze alleine durch die Gegend zu schleppen, erfahre ich hier in Amuse-Gueule-Häppchen und auf etwas alberne Weise einiges an Insiderwissen über den Spreewald – herrlich, was hätte ich mir mehr zu hoffen gewagt!

Nach einer kurzen Pause am Waldschlösschen tuckert die Rumpel-Guste weiter an der Pension Schlangenkönig vorbei bis zur Spreewald Therme in Burg und passiert den historischen Spreewaldbahnhof bis zur Endstation am Festplatz. Ob er private Führungen ebenfalls anböte, frage ich den Fahrer beim Aussteigen. Er lacht, verneint aber. Schade, denn die Fahrt hat mir außerordentlich gut gefallen. Also geht es für mich weiter, gleich nebenan zur Touristeninfo, wo ich mir einen kostenlosen Stadtplan und weitere Tipps für die Gegend einhole.

Die Rumpel-Guste fährt täglich ab der Spreewald Therme. Die komplette Ausfahrt ist 22 Kilometer lang und dauert – mit Erfrischungspause – zwei Stunden. Sie können auch an den anderen Haltestellen einsteigen und sich so Ihre eigene Tour zusammenbasteln, den Fahrplan finden Sie im Internet.

Immer Bares in der Tasche haben! Sowohl die Rumpel-Guste wie auch am Waldschlösschen können Sie nur mit Bargeld bezahlen.

32

Bleiche Resort & Spa
Bleichestraße 16
03096 Burg (Spreewald)
035603 620
www.bleiche.de

Für Körper und Seele

Bleiche Resort & Spa

»Folgen Sie einfach dem grünen Teppich«, rät mir eine Angestellte, als ich verschämt zugebe, mich schon wieder verlaufen zu haben. Die Bleiche, das berühmt-berüchtigte Wellness-Resort, das sich Normalverdiener nur unter außergewöhnlichen Umständen für ein Wochenende leisten, hat mich in seiner Architektur dermaßen verwirrt, dass ich auch nach einem Tag den Grundriss nicht aufzeichnen kann.

Der Name dieses besonderen Ortes stammt aus seiner ursprünglichen Bestimmung: Als im 18. Jahrhundert im Spreewald die Leineweber von Friedrich II. gefördert wurden und der Preußenkönig Uniformen für seine Soldaten benötigte, entstand *Die Bleiche*. Durch neue und effizientere Textiltechniken in Cottbus, Guben und Forst überholte sich das Handwerk jedoch schnell und das Gebäude wurde aufgrund des lukrativeren Fremdenverkehrs 1870 zum Restaurant umgestaltet. Die heutige Bleiche hat allerdings kaum etwas mit dem damaligen Betrieb gemein. Moderne Architektur trifft auf historisches Ambiente, verbaut sind hauptsächlich Naturmaterialien. Jeder Stein, jedes Holzbrett, jedes Gemälde – man kann sehr sicher sein, dass das Besitzerehepaar Clausing für jede Vase einen Grund, für jeden Stuhl eine Bestimmung hat. Herausgekommen ist eine etwas wahnwitzige, wunderschöne Atmosphäre in unzähligen Räumen, jeder für sich einzigartig, neun Restaurants, mit dem *17fuffzig* ein vielgepriesenes Sternerestaurant, und ein Wellnessbereich, der kaum eine Auszeichnung ausgelassen hat.

Das Badehaus umfasst mehrere Saunen und Ruhebereiche, von denen jeder ein individuelles Ambiente hat. Tipp für die Frauen: Das Damen-Spa Kleiner Himmel ist besonders schön. Ein großes Innenbecken sowie der Außenpool haben die ganze Nacht geöffnet, ebenso wie die hauseigene Bibliothek, in der man nachts ungestört stöbern kann, wenn der Schlaf so gar nicht kommen will. Denn schlafen, das wäre hier auch irgendwie viel zu schade.

Die Bleiche hat ein Literaturstipendium ins Leben gerufen und veranstaltet regelmäßig interessante Lesungen mit den Stipendiaten, eine gute Gelegenheit zum Hereinschnuppern.

33

Bio-Hotel Kolonieschänke
Ringchaussee 136
03096 Burg (Spreewald)
035603 6850
www.kolonieschaenke.de

RAFFINIERT BODENSTÄNDIG

Bio-Hotel Kolonieschänke

Geflämmter Ziegenkäse mit einem Rhabarber-Spargelragout und Wildkräutersalat – ich schwelge im Genuss. Wem das zu ausgefallen ist, der kann natürlich auch Pulled-Pork-Burger oder Kartoffelklöße bestellen. Ob diese jedoch ohne jegliche Raffinesse daherkommen, wage ich zu bezweifeln. Ich habe auf meiner Fahrradtour einen Zwischenstopp eingelegt und mir im Restaurant Essen bestellt. Das Bio-Hotel Kolonieschänke ist zu Recht stolz auf seine biozertifizierte Küche, die seit Jahren ihre angestammten Fans im Spreewald hat. Der Koch hat die Herausforderung angenommen, aus den weniger zahlreichen Biozutaten die Qualität der Fleischspeisen sowie der veganen und vegetarischen Gerichte stets hochzuhalten und insbesondere mit regionalen Produkten zu kochen. Man ist stolz auf die vielen Stammgäste, die die nachhaltige Kost sehr schätzen. Gewirtschaftet wird möglichst umweltschonend, auch im Hotelbereich, der 21 Zimmer umfasst, verteilt auf verschiedene Gebäude in alter Bauweise.

Nach dem Essen möchte ich diesen wundervollen Ort noch nicht verlassen. Meine Fassbrause kann ich einfach nach draußen nehmen und das schöne Wetter im bezaubernden Innenhof genießen. Zwischen Hauptgebäude, einer alten Scheune und dem urigen, bewachsenen Backhaus, das auch heute noch regelmäßig genutzt wird, ist ein kleiner Weiher entstanden. Ringsum stehen die Tische verteilt, eine alte »Hochzeits-Eiche« lädt ein: »Traut euch – hier!«

Und weil ich so neugierig gucke, darf ich noch in eines der großzügigen Zimmer schauen, die in schlichtem Holzlook gestaltet sind, manche davon mit eigener Sauna und wunderbarer Aussicht auf die Streuobstwiesen hinter dem Hof. Wer keine eigene Sauna hat, kann es sich in der hauseigenen Heusauna gemütlich machen. Das war mein Stichwort – hierher komme ich bestimmt zurück.

Die Kolonieschänke liegt in bester Lage im verzweigten Fließsystem des Oberspreewaldes und ist ein toller Ausgangspunkt für Kajaktouren.

34

Janks Saftladen
Naundorfer Straße 2
03096 Burg (Spreewald)
035603 392
www.spreewald-mosterei.de

Süß und saftig

Janks Saftladen

Neben dem typischen Spreewaldgemüse Gurke und Spargel gibt es hier auch viele Obstbaumbestände, die meist als Streuobstwiesen privat oder rund um die Felder gezogen wurden. Noch heute kann man in Burg-Kolonie viele davon sehen. Dass sich der private Obstanbau lohnt, mag zu einem Teil der Spreewaldmosterei Jank zu verdanken sein. Der Obst- und Gemüsegroßhändler Friedrich Jank beschloss bereits kurz nach der Eröffnung seiner Mosterei im Jahr 1958, Obst als Fruchtsaft haltbar zu machen. Das Vorhaben glückte und die Bauern der Umgebung können immer noch Jahr für Jahr ihre Äpfel, Birnen und Sauerkirschen bei Jank abgeben und erhalten dann rabattiert den leckeren Saft im zugehörigen Laden. Die Fruchtsäfte werden besonders schonend verarbeitet, um die Inhaltsstoffe zu bewahren. Im modernen Zeitalter würden wir das eine Win-win-Situation nennen, und tatsächlich: Das Geschäft läuft gut, damals wie heute. »Der letzte Sommer war ertragreich, die Leute haben Schlange gestanden, um ihr Obst anzubieten«, erzählt mir die nette Verkäuferin und zeigt auf einige Schwarz-Weiß-Fotos an der Wand. »Fast wie damals«, lacht sie. Abgebildet ist dieselbe Straße und eine lange Schlange mit Trabanten, die alle darauf warten, das geladene Obst abgeben zu können. Großartig, wenn heute noch so miteinander gewirtschaftet wird und das gleichzeitig der Kulturlandschaft zugutekommt.

Im hinteren Teil des Ladens gibt es eine kleine Ausstellung mit Gerätschaften aus früherer Zeit, in der Saftmachen reine Handarbeit war. Selbst in den 60er-Jahren wurden wesentlich weniger Produktionsschritte mit Maschinen erledigt. Der Saftladen wird heute in zweiter Generation betrieben. Ich entscheide mich nach einiger Überlegung für den Beauty-Drink mit Rose und Apfel und einen Schlangenkönig-Likör. Ein bisschen Schönheit kann ja nie schaden.

Zwei kleine Rezepte bekomme ich bei meinem Besuch noch mit auf den Weg: den Beauty-Drink mit einem Gläschen Sekt oder den Apfelsaft an kalten Tagen heiß genießen.

85

Burger Hofbrennerei
Schwarze Ecke 21
03096 Burg (Spreewald)
035603 888
www.sagengeister.de

EIN LECKERES TRÖPFCHEN

Burger Hofbrennerei

Dieser Lieblingsplatz ist gefährlich, glauben Sie mir. Wenn Alkohol zu lecker schmeckt, sollte man immer auf der Hut sein, und das ist bei den Spirituosen der Hofbrennerei Burg definitiv der Fall.

Das schnuckelige Häuschen der Burger Hofbrennerei ist umgeben von Streuobstwiesen und Blockbohlenhäusern. Hier in der »Schwarzen Ecke« von Burg-Kolonie, die so heißt, weil in früheren Zeiten Torf abgebaut wurde, finden Sie noch ein sehr idyllisches Bild des Spreewalds, wie er früher überall ausgesehen hat. Im Gespräch erzählt mir Herr Ballaschk, dass er das alte, instabile Haus selbst abgebaut und neu aufgebaut hat. Ob er dafür irgendeine Ausbildung habe, frage ich naiv. Nein, habe er nicht. Hier im Spreewald macht man sowas eben einfach selber – auch nach so vielen Reisen durch die Region begeistern mich das handwerkliche Geschick und die Eigeninitiative der Menschen immer wieder.

Im kleinen Café, das innerhalb der Saison am Wochenende geöffnet hat, kann man direkt in die Destillerie schauen und mit Anmeldung werden natürlich gerne auch Führungen gemacht. Wer einen guten Tag erwischt, kann sich im wunderbaren Garten eine kleine Auszeit gönnen und den Kräutern in gepflegten Hochbeeten beim Wachsen zuschauen.

Zum Verkauf stehen verschiedene Liköre, Obstbrände und eine Sorte Whisky unter dem Label der Spreewälder Sagengeister – was für eine schöne Idee! *Der Kolonist,* wie sich der Whisky in Anlehnung an die Herkunft aus der Kolonie Burg nennt, wurde bereits bei Germany's Best Whisky Awards preisgekrönt. Die Zutaten für die Liköre und Obstbrände kommen zumeist aus der Region. Ich entscheide mich für einen Orangengeist-Likör, auf dem die Lutki abgebildet sind, und genehmige mir am Abend auf dem Pensionszimmer ein Gläschen. Einfach viel zu gut.

Einmal geöffnet, sollte man den Likör innerhalb von 14 Tagen verbrauchen. Er wird zwar nicht schlecht, verliert aber durch den Kontakt mit Sauerstoff seinen Geschmack.

36

Pension und Gasthaus Zum Schlangenkönig
Waldschlösschenstraße 14
03096 Burg (Spreewald)
035603 75930
www.zum-schlangenkoenig.de

DER KRONE ZU EHREN

Pension und Gasthaus Zum Schlangenkönig

Ein Gasthaus mit dem Namen Zum Schlangenkönig, das muss im Spreewald natürlich sein. Schließlich hat die Schlange den Spreewäldern immer nahendes Hochwasser angezeigt, wenn sie sich auf die Inseln, die sogenannten Kaupen, zurückzog, und ist deshalb auf vielen Hausdächern als Glücksbringer verewigt. Manche dieser Schlangen tragen die Krone als Symbol des Schlangenkönigs, um den sich verschiedene Legenden ranken. Die Krone des Königs als Glücksbringer und Symbol des Reichtums ist in diesen Geschichten stets von zentraler Bedeutung. In manchen Erzählungen wird sie dem Schlangenkönig gestohlen, in anderen verschenkt er die Krone freiwillig.

Die Pension Zum Schlangenkönig hat dieses Thema aufgegriffen und ist heute eine der bekanntesten Institutionen in Burg-Kauper, der später gegründeten kleinen Kolonie, die heute zur Streusiedlung Burg gehört. Das Restaurant ist beliebt, wer es auskosten möchte, bleibt gleich ein paar Tage, denn die Zimmer bieten vom kleinen Doppelzimmer bis zur großen Suite mit Kaminkomfort für alle Preislagen das Passende. Ein kleiner Wellnessbereich wird außerdem angeboten, ein großzügiger Entspannungsbereich liegt direkt am Fließ. Die neu gebaute Anlage wurde einem Spreewaldhaus nachempfunden und ist ästhetisch sehr gelungen.

Wer im Winter kommt, hat nicht nur den Bonus der günstigeren Nebensaison, sondern erlebt den magischen Spreewald auf ganz besonders ruhige Weise. Beim Schlangenkönig sind Sie dann an der richtigen Adresse, denn hier werden die besonderen Kaminkahnfahrten angeboten. Ein außergewöhnliches Highlight, bei dem auf dem Kahn mehrere kleine Tischkamine angezündet werden und man sich bei Glühwein und am lodernden Feuer wärmen kann, während man durch die stillen Fließe gleitet.

Die kreativen Macher des Schlangenkönigs bieten verschiedenste Motto-Kahnfahrten direkt an der eigenen Hausanlegestelle an. Fragen Sie einfach nach dem aktuellen Angebot!

37

Hafen Waldschlösschen
Waldschlösschen-
straße 29c
03096 Burg (Spreewald)
035603 536
www.spreewaldhafen-
online.de

AUF DER KAUPE

Hafen Waldschlösschen

Mittlerweile sehr beliebt ist der tief im Spreewald gelegene Hafen Waldschlösschen. Die Touristen-Bimmelbahn Rumpel-Guste macht hier einen Zwischenstopp, sodass man sich so lange den Hafen anschauen oder mit einem Matjesbrötchen ans Wasser setzen kann. Wir befinden uns hier im Ortsteil Kauper der Streusiedlung Burg mit vereinzelten Gehöften, die früher nur per Kahn über die Fließe zu erreichen waren. Burg-Kauper entstand, als König Friedrich II. Mitte des 18. Jahrhunderts um Ansiedler warb, um das Gebiet urbar zu machen. Heute grenzt ein Naturschutzgebiet an die Siedlung, weshalb der Hafen Waldschlösschen ein wunderbarer Ausgangspunkt für Kajakfahrten in den Hochwald mit seinem alten Erlen- und Mischwaldbestand ist, einen Verleih gibt es direkt vor Ort.

Am Hafen verläuft der Burg-Lübbener-Kanal und auch viele weitere Wasserstraßen sind künstlich angelegt worden, um den Bootsverkehr zu erleichtern, andere dienten als Entwässerungsgräben. Heute ist es schwierig nachzuvollziehen, welche Fließe natürlich entstanden sind. Ob von der Natur oder von Menschenhand geschaffen: Sie finden hier ein tief verzweigtes Fließsystem, in dem Sie stundenlang den Spreewald erkunden können, entweder allein auf dem Kanu oder im Rahmen einer Kahnfahrt. Von der Schnupper- bis zur Tagestour gibt es verschiedene Angebote für die ganze Familie, bei denen Vögel, Nutrias und manchmal auch Wildschweine gesichtet werden können. Wie im Spreewald üblich ist hier Saisonbetrieb, die Imbissmöglichkeiten sowie Kajak- und Kanuverleih haben üblicherweise von Oktober bis März geschlossen. Im Winter werden allerdings Kahntouren angeboten, eine ganz besondere Empfehlung von mir, weil der Spreewald dann schön ruhig ist und man sich ein bisschen vorstellen kann, wie es hier wohl war, als der Tourismus noch in den Kinderschuhen steckte und der Verkehr auf Boote beschränkt war.

Erkundigen Sie sich im Winter besser vorab telefonisch nach möglichen Abfahrtszeiten der Kahntouren.

38

Schloss Vetschau
Schlossstraße 10
03226 Vetschau
(Spreewald)
035433 77755 (Tourismus-information)
www.tourismus.vetschau.de

Gasthof zum Slawen
Radduscher Dorfstraße 28
03226 Vetschau
(Spreewald)
035433 70809
www.gasthof-zum-slawen.de

HERRSCHAFTSZEITEN

Schloss Vetschau

Vetschau und Schloss – diese Bilder wollen erst nicht richtig zusammenpassen, denn in Vetschau (niedersorbisch: Wětošow) stand von 1964 bis 1996 eines der größten Braunkohlekraftwerke der Region. Daher klingt Vetschau in meinen Ohren immer noch nach einem Industriestandort, nicht nach romantischem Schlosssitz. Vom stillgelegten Kraftwerk ist jedoch – leider – nichts übriggeblieben, an Industrie-Tourismus dachte man damals noch nicht und ließ auch die Schornsteine des Kraftwerks abreißen, die das Wahrzeichen Vetschaus gewesen waren. Dafür dürfen Luft und Landschaft sich nun erholen.

Vetschau wurde erstmals 1302 urkundlich erwähnt und war bis ins späte 19. Jahrhundert überwiegend sorbischsprachig. Neben einigen alten Wohnhäusern und der Wendisch-Deutschen Doppelkirche lohnt ein Blick zum wunderschön restaurierten Schloss. Ursprünglich stand dort eine mittelalterliche Wasserburg, die Eustachius von Schlieben, Kurfürstlicher Rat von Brandenburg, abreißen und 1540 an deren Stelle ein Schloss errichten ließ. Eustachius vermittelte übrigens im Rechtsstreit um Hans Kohlhase, der realhistorischen Vorlage für Kleists Erzählung *Michael Kohlhaas*.

Obwohl das Schloss mehrfach umgestaltet wurde, sind heute wesentliche Elemente aus der Renaissancezeit erhalten. In der Mitte des dreigeschossigen Gebäudes erhebt sich ein achteckiger, in Fachwerkbauweise errichteter Turm. Highlight im Innern ist der Rittersaal mit Stuckdecke und alten Wandgemälden, die im Laufe der Zeit übermalt wurden und 2015 in einer aufwendigen Sanierung wieder freigelegt werden konnten. Das Schloss war später im Besitz derer von Fürstlich-Drehna und zu Lynar. Bereits 1920 wurde es Eigentum der Stadt. Heute befindet sich hier unter anderem die Tourismusinformation Vetschaus, die regelmäßig Führungen durch die Räumlichkeiten veranstaltet.

Einkehren kann man im nahegelegenen Gasthof zum Slawen mit gutbürgerlicher Küche.

39

Wendisch-Deutsche Doppelkirche
Kirchstraße
03226 Vetschau (Spreewald)
035433 2054
www.kirche-vetschau.de

IN GUTER NACHBARSCHAFT

Wendisch-Deutsche Doppelkirche

Als ich die Wendisch-Deutsche Doppelkirche in Vetschau (niedersorbisch: Wětošow) besuche, herrscht reger Flügelschlag auf der achteckigen Turmspitze, in der einige Dohlen ihre Brut aufziehen. Die Doppelkirche vereint zwei Kirchenbauten nebeneinander durch eine gemeinsame Sakristei – das ist in ganz Deutschland einmalig. Vermutlich stand bereits seit dem 13. Jahrhundert an gleicher Stelle ein Gotteshaus, in dem der wendische (niedersorbische) Gottesdienst für die hiesige, überwiegend sorbischsprachige Bevölkerung abgehalten wurde. 1540 wurde diese Kirche als Folge der Reformation evangelisch. Doch die Schlossherrschaften verlangten nach einer deutschen Kirche, daher wurde ein reich verziertes, spätbarockes Gotteshaus direkt entlang der Nordseite der wendischen Kirche gebaut – mit einem Durchgang in der Sakristei. Über ein Jahrhundert lang wurden wendische und deutsche Gottesdienste in friedlicher Koexistenz abgehalten, bis sie 1910 durch die Bemühungen des Staates, die sorbische Kultur und Sprache zurückzudrängen, vereinigt wurden. Der letzte wendische Gottesdienst soll 1932 stattgefunden haben.

Während des Zweiten Weltkrieges wurden wie vielerorts die Glocken eingeschmolzen und das Metall für die Rüstungsindustrie verwendet. Als Ersatz diente fortan eine Waschwanne.

Mittlerweile wurden beide Kirchen restauriert, doch noch immer befindet sich die Waschwanne dort oben im Turm, verrät mir ein Ortskundiger, während ich den emsigen Dohlen zuschaue. In der deutschen Kirche finden wieder regelmäßig Gottesdienste statt, der wendische Teil dient als Kulturkirche für Veranstaltungen und Ausstellungen. Einmal im Jahr, am Tag des offenen Denkmals, findet ein Gottesdienst in wendischer Sprache statt, der damit auch jedes Jahr einen kleinen Sieg gegen die Unterdrückung der sorbischen Kultur feiert.

An den alten Fundamenten sind dunklere Steine zu erkennen. Das ist der aus dem Spreewald bekannte Raseneisenstein, der zum Bauen genutzt oder verhüttet wurde.

Slawenburg Raddusch
Zur Slawenburg 1
03226 Vetschau
(Spreewald) – Raddusch
035433 59220
www.slawenburg-raddusch.de

UNTER FEINDEN

Slawenburg Raddusch

Auf Fotos habe ich sie bereits länger bewundert, bis ich sie eines Tages endlich selbst zu Gesicht bekam: die sagenhafte Slawenburg Raddusch (niedersorbisch: Raduš). Der originalgetreue Wiederaufbau begann im Jahr 1999 an der Stelle der ursprünglichen Burg. Bereits 1880 erwähnte der Forscher Rudolf Virchow die hier existierenden Überreste einer Slawenburg, die durch eine ringförmige Erhöhung gut zu erkennen waren. Einst war die gesamte Gegend durchzogen mit Wallanlagen und Burgen der Lusitzi, eines slawischen Stammes, denen die Lausitz ihren Namen verdankt. Im neunten und zehnten Jahrhundert bauten diese in der gesamten Region Fluchtburgen für die Bevölkerung.

Hinter dem Kassenhäuschen spaziere ich zunächst durch eine großzügige Wiesenlandschaft und betrete den »Gang durch die Geschichte«. Dieser Steg führt über das Gras und zeigt auf Schildern die Relation unserer Entstehungskultur über mehrere tausend Jahre. Heimische Pflanzenarten werden vorgestellt und Schilder erklären Flora und Fauna nach der Eiszeit, im Mittelalter und heute – spannend auch für Kinder, die sich für Umwelt und Natur interessieren. Die letzten Stationen visualisieren den Einzug der Slawen, den Tagebau sowie die Wiedervereinigung und es wird deutlich, was für ein kurzer Abschnitt unsere neuere Geschichte im Vergleich zur Jahrmillionen alten Erdgeschichte ist – und wie schnell der Mensch Lebensräume zerstören kann.

Die Größe der Slawenburg wird langsam erfassbar, je näher ich komme: Etwa 36 Meter im Durchmesser, sieben Meter Höhe, alles in Holzrostkonstruktion mit Holz, Erde, Flechtwerk und Trockenmauern gebaut, ergeben ein eindrucksvolles Bild. Über ein Metallgerüst besteige ich den Wall und schaue über die Landschaft. Die Wände bieten Schutz und Ausguck, von hier oben wurde die Burg verteidigt. Lediglich die laute Bundesstraße stört beim Versuch, mich tausend Jahre zurückzudenken.

Die archäologische Ausstellung innerhalb des Walls zeigt Sinn und Konstruktion der Burg sowie die Geschichte der Niederlausitz bis zum Braunkohletagebau. Regelmäßig werden hier spezielle Kinder- und Familienführungen angeboten.

41

Spreewälder Hofladen
Schulweg 2
03226 Vetschau
(Spreewald) – Raddusch

GURKENZEIT
Spreewälder Hofladen

Zugegeben: Im Spreewald ist es nicht unbedingt notwendig, einen Hofladen zu besuchen, denn die vielen feinen Erzeugnisse der Region werden überall angeboten: in Restaurants, Museen, an Ständen bei den Häfen. Ich besuche den Spreewälder Hofladen in Raddusch (Raduš) dennoch, denn die Möglichkeit, den Verkauf regionaler Produkte und einen Hofladen zu unterstützen, lasse ich mir nicht entgehen.

Der Spreewälder Hofladen bestand früher aus einem ganzen Ensemble an Lädchen mit einem kleinen alten Bauernhofanteil. Das meiste davon existiert nicht mehr, wieder neu eröffnet wurde der Laden 2018 durch neue Besitzer. Das Kräuterabteil hat einen eigenen Stand nebenan bekommen, denn der urige kleine Verkaufsraum reicht kaum für die vielen angebotenen Produkte. Ob Wurst, Räucherfisch, Senf, Dips oder Likör, ob Kuchen, Gemüse, die obligatorischen – und sehr leckeren – Gurken oder auch geschnitzte Kochlöffel: Wer genügend Bares dabei hat, wird hier nicht nur für eine Zwischenmahlzeit fündig, sondern entdeckt auch entsprechende Mitbringsel für die Daheimgebliebenen. Vor uns in der Schlange wird noch über das Wetter spekuliert, anschließend erklärt die nette Verkäuferin meinem Mann ausführlich den Unterschied zwischen Kräuter- und Salzgurken, da er uns mit dieser Frage als völlig ahnungslose Touristen geoutet hat. Macht nichts, Fremde sind hier natürlich genauso gerne gesehen wie Einheimische.

Nachdem wir unsere Gurken auf die Hand genommen haben, fängt es prompt an zu regnen. Trotz der Enge im Laden – mittlerweile sind weitere Kunden eingetroffen – dürfen wir bleiben, verspeisen unsere Gurken in Ruhe und warten auf eine Regenpause, um dem nahegelegenen Naturhafen Raddusch einen Besuch abzustatten.

Ein Großteil des je nach Saison wechselnden Sortiments ist auch online erhältlich.

42

Naturhafen Raddusch
Radduscher Dorfstraße 10
03226 Vetschau
(Spreewald) – Raddusch
035433 594565
www.raddusch-hafen.de

Heimatstube Raddusch
Dorfplatz
03226 Vetschau
(Spreewald) – Raddusch
www.raddusch-
spreewald.de

GANZ IM WALDE

Naturhafen Raddusch

Das Pendant zum Großen Hafen Schlepzig ist im Oberspreewald der Naturhafen Raddusch. Ein bisschen abseits der üblichen Touristenspots kommen hierher lieber die Kenner, die bei einer Kahnfahrt die Ruhe des Spreewalds genießen wollen. Der schöne, sehr ursprüngliche Hafen, lediglich mit Holzbohlen an der Seite befestigt, befindet sich direkt hinter dem familiengeführten Hotelrestaurant Radduscher Hafen. Im Grünen zwischen Schwarzerlen gelegen, lugt sogar ein Heuschober von der nahen Wiese hervor. Längst sind die alten Techniken allerdings modernen Heutrocknungs- und Aufbewahrungsmöglichkeiten gewichen. Die damals typischen Heuschober werden heute nur noch zu touristischen Zwecken errichtet, um das spreewaldübliche Antlitz zu erhalten.

Bereits seit 1920 ist der Naturhafen Raddusch aktiv, um Touristen durch die idyllische Kulturlandschaft zu schippern. Wer sich übrigens wundert, dass Boote hier immer mal wieder »unter Wasser« liegen: Die alten Holzboote quellen auf diese Weise auf und verschließen die Ritzen. Modernere Kähne sind aus Aluminium, das sich leichter pflegen lässt. Der typische Geruch des Teers, der einst die Spalten der Holzkähne versiegelte, ist daher aus dem Spreewald fast verschwunden.

Vom Hafen geht es mit dem Kahn zügig in die Wasserlandschaft des Spreewaldes, die ursprünglich durch die letzte Eiszeit entstand. Weitere Kanäle wurden künstlich angelegt, um den feuchten Boden zu entwässern und kultivieren zu können. Heute ist es für Laien unmöglich zu erkennen, welche Fließe von der Natur und welche vom Menschen gegraben wurden. Die Einzigartigkeit, mit der hier das Biosphärenreservat auf Kulturlandschaft trifft, erschließt sich auf einer Kahntour von Raddusch aus eindrücklich. Die recht wilde Natur auf der einen, die Kulturlandschaft mit Wiesen und Äckern auf der anderen Seite.

In der Saison empfiehlt sich im Anschluss der Besuch der Heimatstube Raddusch. In einem ehemaligen Wohnhaus wird das Leben der Radduscher um 1900 dargestellt.

43

Radduscher Buschmühle
Kaupen 1
03226 Vetschau
(Spreewald) – Raddusch
0355 537916
www.radduscher-
buschmuehle.de

BROT UND KORN

Radduscher Buschmühle

Licht schummert durch das Fenster, fällt auf eine der alten Maschinen und taucht den Innenraum in warme Töne. Die Holzausstattung wirkt gemütlich, es gibt einige Sitzplätze und einen kleinen Verkaufstisch. Wer in der Nähe ist, kommt auf eine kleine Auszeit vorbei, wer sich auskennt, macht dafür sogar einen Umweg.

Die alte, nun unter Denkmalschutz stehende Mühle stammt aus dem Jahr 1777 und liegt im südlichen Spreewald an der Grobla, auch Südumfluter oder hier Leineweberfließ genannt. Als Korn- und Ölmühle besaß sie das Schankrecht, was der Mühle viele Besucher beschert haben dürfte. Zu jener Zeit herrschte außerdem Mahlzwang, der regelte, welcher Bauer in welcher Mühle sein Korn mahlen ließ.

Mehrfach wurde die Mühle umgebaut und modernisiert: Das Wehr zum Schleusen wurde erst 1850 angelegt, als man im Spreewald begann, das Wasser zu regulieren. Als Brandschutzmaßnahme wurden 1886 das Schilf und Stroh auf dem Dach durch Ziegel ersetzt. Der endgültige Fortschritt zog 1931 in die Mühle ein, als der Wasserantrieb auf Maschinenbetrieb umgestellt wurde. Nur gut 20 Jahre später standen die Mahlsteine allerdings endgültig still. Nach langer Ruhepause drohte die Mühle zu verfallen, bis der neue Besitzer Frank Petzold die originale Technik 2014 aufwendig restaurierte.

Heute ist die Buschmühle Raddusch wohl das, was man eine »Perle des Spreewalds« nennt. Auf Anfrage bietet Herr Petzold Führungen durch die Mühle an. Von donnerstags bis samstags können Besucher vorbeikommen und frisch gebackenes Brot erwerben oder im zauberhaften Garten ein Stück hausgebackenen Kuchen essen. Der Gegensatz zur nahegelegenen Dubkow-Mühle könnte kaum größer sein: Hier geht es sehr ruhig zu. Und so soll es auch bleiben, erklärt mir der Inhaber. In mein Buch darf ich diesen Ort dennoch aufnehmen (aber sagen Sie's nicht weiter).

In der Mühle finden regelmäßig Veranstaltungen und Konzerte statt.

44

Gasthaus Dubkow-Mühle
Dubkowmühle 1
03222 Lübbenau (Spreewald) – Leipe
03542 2297
www.dubkow-muehle.de

WO DER FROSCH IM KELLER HOCKT

Gasthaus Dubkow-Mühle in Leipe

Meistens herrscht reger Betrieb an der Dubkow-Mühle in Lübbenau (niedersorbisch: Lubnjow), die sich zum Lieblingslokal vieler Ausflügler gemausert hat. Erwarten Sie daher nicht die Stille des Spreewaldes. Gebaut als Wassermühle Anfang des 18. Jahrhunderts, liegt sie an malerischer Stelle etwas abgelegen im Spreewalddorf Leipe (niedersorbisch: Lipje), das bis 1969 nur per Kahn erreichbar war. Der heutige Fachwerkbau entstand allerdings erst um 1800, als die Mühle nach einem Brand wieder aufgebaut wurde. Die Mühle besaß das Schankrecht und so entwickelte sie sich mit dem aufkommenden Tourismus zu einem beliebten Ausflugsziel. Im Jahr 1919 wurde der Mühlenbetrieb eingestellt, weil er sich nicht mehr rentierte, die Mühle wurde als reines Lokal weiterbetrieben. Inzwischen wird das Angebot um mehrere Hotelzimmer ergänzt. Vielleicht fragen Sie sich vor Ort, wo sich denn das Wasserrad gedreht haben soll? Ihre Irritation ist durchaus begründet, denn im Jahr 1960 wurde der Lauf der Spree um 20 Meter verlegt, daher hat die Mühle heute keinen direkten Anschluss ans Wasser.

Mein Tipp: Kosten Sie im Restaurant die Hefeplinse. Sie kennen diese Speise nicht? Plinse ist ein Eierkuchen mit Hefeteig und vermutlich das zweitberühmteste Spreewaldgericht gleich nach Kartoffeln mit Quark und Leinöl. Die Zubereitung unterscheidet sich von Ort zu Ort, und wer ein gutes Familienrezept geerbt hat, verrät es nicht weiter. Ungefähr geht es so:

25 Gramm Hefe in einem Liter Milch verrühren. Vier Eier, 30 Gramm Zucker, eine Prise Salz und 500 Gramm Mehl hinzufügen. Rühren, bis der Teig glatt ist, und an einem warmen Ort ruhen lassen. Butter in einer Pfanne zerlassen, eine Kelle Teig zugeben. Mehrfach wenden, bis beide Seiten goldgelb sind. Auf dem Teller zusammenrollen und mit Zucker und Zimt bestreut servieren.

Lassen Sie sich die Geschichte des hölzernen Riesenfrosches erzählen, der draußen in der Ecke steht. Dieser soll einst im Keller gehockt und bei Bedarf die Gäste nach Hause begleitet haben. Unfreundliche Gesellschaften soll er schon mal tief in den Spreewald geführt haben …

45

Spreewaldhotel Leipe
Leiper Dorfstraße 29
03222 Lübbenau
(Spreewald) – Leipe
03542 2234
www.spreewaldhotel-leipe.de

UNTER ALTEN LINDEN

Spreewaldhotel Leipe

Als ich auf einer meiner Wanderungen ins Spreewaldhotel einkehre, stelle ich mich – typisch für eine Nicht-Spreewäldlerin – ungeschickt an und suche den Haupteingang an der Straßenseite. Fehlanzeige, der befindet sich natürlich an der Fließ-Seite, wo die Boote halten. Denn bis vor nicht allzu langer Zeit war das Spreewalddorf Leipe nur per Boot erreichbar.

Leipe ist von zwei Spreeläufen umschlossen und wurde erstmals 1315 erwähnt. Der Ortsname entstammt dem Sorbischen »Lipa«, dem Wort für Linde. Bereits in alten Aufzeichnungen aus dem 17. Jahrhundert wird eine Leiper Schänke erwähnt und es ist anzunehmen, dass diese auf dem Grund des heutigen Spreewaldhotels stand. Sicher ist, dass das heutige Haus im Jahr 1864 vom Besitzer Buchan zum Ausflugslokal umgebaut wurde. Fontane hatte einige Jahre zuvor den Spreewald besucht und in seinen Schriften darüber geschwärmt. Alsbald machten sich die Berliner an den Wochenenden zur Landpartie auf, fuhren mit Ausflugsdampfern über die Dahme nach Märkisch-Buchholz und stiegen dort in kleinere Kähne, um die geheimnisvollen Fließe des Spreewaldes zu entdecken.

Die alte Anlegestelle im großzügigen Hof ist zwar in die Jahre gekommen, liegt aber auf einer wunderbaren Paddelstrecke. Hier kann man sich leicht vorstellen, wie es gewesen sein muss, bevor Leipe 1969 seine erste Straße bekam. Während ich am Morgen ein üppiges Frühstück zu mir nehme, um für meine weitere Wanderung nach Burg-Kolonie gestärkt zu sein, plaudere ich mit dem Pächter über alte Zeiten. Schön sei es hier zu arbeiten, sagt er und zeigt mir ein paar alte Schwarz-Weiß-Fotos, auf denen die damaligen Besitzer und Angestellten zu sehen sind. Nachdem der Betrieb einige Zeit stillstand, ist es umso erfreulicher, dass die lange Geschichte der Leiper Schänke fortgeführt wird.

Der Anleger ist beliebt und Hotelgäste bekommen bevorzugt einen Platz. An Wochenenden ist es daher ratsam, zu reservieren.

46

Spreewaldhof Leipe
Leiper Dorfstraße 2
03222 Lübbenau
(Spreewald) – Leipe
03542 2805
www.spreewaldhof-leipe.de

FAHRRADSTOPP
Spreewaldhof Leipe

Der Spreewaldhof ist sogar noch größer, als es der erste Anschein vermuten lässt: Fünf Häuser mit 40 Betten warten auf Gäste, die Radlerunterkünfte nicht mitgezählt. Ein Großbetrieb also. Umso überraschter bin ich deshalb bei meiner Ankunft, als der Besitzer höchstselbst und in aller Ruhe erst einmal einen Radelplan für seine Gäste erstellt. Tipps zum Einkehren gibt es gratis dazu. Das gefällt mir, hier macht jemand seinen Job mit viel Leidenschaft. Und man merkt es an jeder Ecke: Trotz des regnerischen Wetters ist einiges los, viele Fahrradfahrer machen Halt, das Restaurant Fischerstübchen ist gut gefüllt. Ich habe in weiser Voraussicht reserviert und bekomme eine leckere Forelle sowie ein nettes Pläuschchen mit der Bedienung. Dazu natürlich eine Gurkenlimo, die ich mir im Spreewald nie verkneifen kann.

Die Holzbohlenhäuser der Anlage wurden nicht etwa für den Tourismus gebaut, sondern waren bis in die 1980er-Jahre Teil eines typischen Leipscher Bauernhofs mit Nebengebäuden. Es entstand ein Imbiss, anschließend eine Gaststätte. Später wurde das Angebot auf Ferienwohnungen erweitert. Heute kann man sich auch als Tagesgast Kajaks oder Fahrräder ausleihen und direkt von der schönen Terrasse in den Oberspreewald lospaddeln. Entspannter ist es allerdings, wenn man ein paar Tage bleibt.

Im Restaurant werden lokale Speisen angeboten und Nachhaltigkeit wird großgeschrieben. Großartig finde ich das Bemühen um die Vermeidung von Einwegplastik im Betrieb, wie mir der Besitzer nicht ohne Stolz verrät. An die große Glocke hängen möchte er die umweltbewusste Wirtschaftsweise jedoch nicht. Er wolle hier nicht im Mittelpunkt stehen, sondern nur einen guten Job machen. Eben typisch Spreewälder.

Die günstigen Radlerunterkünfte sind einfache Bauwagen ohne Strom und äußerst romantisch. Sogar eine Feuerstelle ist vorhanden.

Leiper Weg
Start: Am neuen Fließ 1
03222 Lübbenau
(Spreewald) – Lehde

Informationen:
Spreewald-Touristinformation Lübbenau e. V.
Ehm-Welk-Straße 15
03222 Lübbenau
(Spreewald)
03542 887040
www.luebbenau-spreewald.com

VON FLIEGENDEN EDELSTEINEN

Leiper Weg von Lehde nach Leipe

Von Lehde (Lědy) aus führt ein Wanderweg ins kleine Örtchen Leipe. Er entstand mit dem Europawanderweg E10 um 1935 und ist seitdem ein beliebter Spazierweg. Auch per Fahrrad bietet sich diese Route an, denn es müssen nur wenige Brücken überquert werden – nicht ganz üblich im wasser- und fließreichen Spreewald.

Vom Freilandmuseum Lehde aus schlagen Sie den Weg Am Neuen Fließ ein und kommen bald an einem wunderschönen großen Bohlwerkbau vorbei. Das Holz ist geschwärzt, die Fenster mit rot-grün-weißen Rahmen versehen. Das Logierhaus dient heute als einfache Ferienunterkunft und ist etwas in die Jahre gekommen, die Lage ist allerdings perfekt, abseits vom Trubel und dennoch mitten im schönsten Teil des Spreewaldes gelegen. Bald überqueren Sie die Spree und biegen nun links in den Leiper Weg ab. Das Örtchen Leipe ist bereits ausgeschildert. Das Biosphärenreservat Spreewald ist in verschiedene Zonen aufgeteilt, um das Landschaftsschutzgebiet zu erhalten. Sie betreten jetzt die Zone II, in der eine umweltschonende Bewirtschaftung zugelassen wird.

Der Wald schimmert geheimnisvoll in fantastischen Grüntönen. An schönen Sommertagen können Sie über den Gewässern unzählige Blauflügel-Prachtlibellen schweben sehen, deren schillernde Farbtöne stets aufs Neue faszinieren. Mit etwas Glück schießt der smaragdfarbene Eisvogel pfeilschnell an Ihnen vorbei – man nennt ihn auch den fliegenden Edelstein. Vorsicht, wenn Sie den Altweibersommer erwischen: Für Spinnenphobiker könnte es dann etwas ungemütlich werden. Wer zügig läuft, überwindet die schnurgeraden fünf Kilometer in einer Stunde, oder man lässt sich Zeit und nimmt auf einer der vielen Rastbänke Platz. Wenn die Hitze des Tages vorbei ist, jubilieren die Vögel. Was vorher still war, ist jetzt ein laut zwitschernder und trällernder Urwald.

Wenn Sie nicht wie ein Tourist wirken möchten, grüßen Sie, sobald Ihnen jemand entgegenkommt. Das ist im Spreewald durchaus noch üblich!

48

Freilandmuseum Lehde
An der Giglitza 1a
03222 Lübbenau
(Spreewald) – Lehde
03573 8702440
www.museums-entdecker.de

IM ECHTEN BULLERBÜ

Freilandmuseum Lehde

»Das Bett ist ja so kurz«, ruft ein Kind, das sich zu uns in die Wohnstube gesellt hat. Das stimmt, wird uns erklärt, denn Erwachsene schliefen im 18. und 19. Jahrhundert zumeist im Sitzen. In der Wohnstube eines Bauernhauses lebten damals alle zusammen, für uns heute unvorstellbar, der Wohnstall hingegen ist erstaunlich großzügig. Alle Räume sind liebevoll ausgestattet und ich bewundere die alten Kochutensilien in der Küche.

Im Freilandmuseum Lehde entführen vier verschiedene Bauerngehöfte die Besucher in das Leben zu jener Zeit. Die Bohlenhäuser sind original und wurden teilweise auf Holzpfählen gebaut, um das Haus vor dem wasserreichen Untergrund zu schützen. Unter dem Dach aus Roggenstroh und hinter den blaubemalten Fenstern und Türen fühle ich mich sofort 200 Jahre in die Vergangenheit zurückversetzt. Ein Doppelstubenhaus zeigt anschaulich, wie größere Gehöfte angelegt waren und wie die Mägde lebten. Die Knechte schliefen im Galeriestall beim Vieh. Nebenan kann die älteste Kahnbauerei von 1884 und eine alte Feuerwehr-Ausrüstung besichtigt werden. Wäsche hängt auf der Leine, Sichel und Körbe stehen so, als sei die Arbeit gerade nur wegen der Mittagsfrau unterbrochen worden. Die kam der Sage nach, um den Bauern zu holen, der nicht rechtzeitig vor der brennenden Mittagshitze eine Pause gemacht hatte.

»Wie ein Dorf im Dorfe«, verspricht die Website des Museums, und genauso fühlt es sich auch an. Im hinteren Teil gibt es eine wunderbare Streuobstwiese und Gemüsebeete. Mit etwas Glück backt gerade jemand Brot im selbstgebauten Lehmofen. Alle Themen sind kindgerecht und spannend aufbereitet: Wie wurde damals die Wäsche gewaschen und wie das Brot gebacken? Wie wird ein Blockhaus gebaut? Im letzten Gehöft ist der Museumsladen untergebracht, von dem ich die Schafsmilchseife dringend empfehlen kann.

Das Freilandmuseum ist zur Weihnachtszeit ein ganz besonderes Ziel: Adventsbräuche werden lebendig, Bewohner erzählen alte Geschichten und ein Weihnachtsmarkt lädt zum Stöbern im alten Dorf ein.

49

Kahnhafen Lehde (vor dem Freilandmuseum)
An der Giglitza 1a
03222 Lübbenau (Spreewald) – Lehde

Gasthaus Oppott
An der Quodda 1
03222 Lübbenau (Spreewald) – Lehde
03542 2844
www.gasthaus-oppott.de

WO KAJAK UND KAHN SICH KÜSSEN

Kahnhafen Lehde

Aufgrund der vielen historischen Blockbohlenhäuser des romantischen Örtchens Lehde (niedersorbisch »Lědy«) ist die gesamte Dorfanlage denkmalgeschützt. Kleine Fließe zu jedem Hof zeugen davon, dass der Kahn lange das übliche Verkehrsmittel war, erst 1929 erhielt Lehde eine Landverbindung nach Lübbenau. Noch immer wird die Post im Sommer mit dem Kahn geliefert.

Das Herz des Ortes ist der Hafen, zwischen Freilandmuseum und dem Gasthaus *Zum fröhlichen Hecht*. Dessen Wirt richtete einst einen Pendelverkehr von Lübbenau nach Lehde ein, um die neugierigen Gäste zu befördern. Damals wollten viele Künstler das buchstäblich malerische Lehde besuchen, aber auch Touristen wurden schon Ende des 19. Jahrhunderts durch Fontanes Schilderungen vom »Kleinen Venedig« nach Lehde gelockt. Den Pendelverkehr gibt es heute noch, das ursprüngliche Gasthaus wurde leider in den 1970er-Jahren durch einen Neubau ersetzt.

Hier kann man Kähne, Kajak- und Kanufahrer und sogar Stand-up-Paddler beobachten. Die Stimmung ist super, die Leute lachen und oft krachen die Unkundigen mit ihren Kajaks zusammen oder sind nicht schnell genug, einem Kahnfahrer auszuweichen, was Letztere regelmäßig auf die Palme treibt. Was ich Ihnen vorsichtig zu sagen versuche: So sehr Lehde sich seinen Charme bewahrt hat, so beliebt ist es auch bei den Gästen. Fahren Sie unbedingt hin, aber vielleicht nicht gerade in der Hochsaison am Samstagnachmittag. Es könnte sein, dass Sie dann die Nerven verlieren. Perfekt für einen Besuch ist ein schöner Frühlingstag unter der Woche. Falls Sie ein Wochenende im Spreewald verbringen, legen Sie den Abstecher nach Lehde auf den frühen Freitag. Bleiben Sie auf der Brücke stehen und versetzen Sie sich kurz in die Zeit vor 100 Jahren, das ist auf einmal gar nicht so schwer.

Das Gasthaus Oppott bietet sich für eine etwas ruhigere Einkehr an. Es liegt hinter dem Freilichtmuseum.

50

Gurkenmuseum Lehde
An der Dolzke 4+6
03222 Lübbenau
(Spreewald) – Lehde
03542 8999060
www.gurkenmuseum.de

SENF, SALZ ODER GEWÜRZE?

Gurkenmuseum Lehde

Dem berühmtesten Produkt der Region hat das Gurkenmuseum ein kleines, sehenswertes Denkmal gesetzt. Bereits die Slawen züchteten das beliebte Gemüse und konservierten es mit Senf und Gewürzen. Im Mikroklima des Spreewaldes gediehen die Gurken besonders gut und das ist bis heute so, auch wenn die Produktion nicht mehr auf den kleinteiligen Äckern mitten im Spreewald stattfindet, sondern an den äußeren Rändern in Großbetrieben. Ein Teil der Spreewälder Gurken darf zugekauft werden, denn die Produktion würde sonst der Nachfrage nicht gerecht.

Das Gurkenmuseum erläutert den Herstellungsprozess und zeigt spreewaldtypisches Leben um 1900. Vorbei am Stall mit allerlei Werkzeugen geht es hinein in die gute Wohn- sowie Küchenstube und Schlafzimmer mit den typischen niedrigen Decken. Alte Küchengeräte schmücken Boden und Wände, von der Kuchenform bis zur Butterstampe. Stühle mit spreewaldtypischen Verzierungen und Tuche mit sorbischen Mustern ergänzen die Einrichtung und einige Trachten sind ausgestellt. Die zahlreichen, kunstvoll handgeschriebenen Gurkenrezepte an den Wänden fotografiere ich schnell: Wenn schon die berühmten Spreewälder Familien ihre Rezepte nicht preisgeben, finde ich hier vielleicht eine Inspiration für eine gute Gurkensuppe und leckere selbstgemachte Gewürzgurken.

Im Außenbereich erfahre ich viel über die Tradition des Gurkenanbaus und der Verarbeitung, die frühere Spreewälder Landwirtschaft und Fischerei. Schwarz-weiße Fotos erinnern an das Leben in Lehde, als noch regelmäßig Trachten getragen wurden. Das ist heute nur noch zu besonderen Anlässen und für Touristen der Fall.

Am Ende des Rundgangs werden im kleinen Laden Spreewälder Gurken, Senf, Meerrettich und so manch andere Köstlichkeit angeboten.

Eine Gurkenprobe ist inklusive. Probieren Sie unbedingt das extrem leckere Gurkenbrot!

51

Gasthaus Wotschofska
Wotschofskaweg 1
03222 Lübbenau
(Spreewald)
03546 7601
www.gasthaus-
wotschofska.de

Startpunkt für die
Wanderung:
Schloss Lübbenau
Schlossbezirk 6
03222 Lübbenau
(Spreewald)

Über tausend Brücken

Wanderung zum Gasthaus Wotschofska

Den Weg zur Wotschofska, der berühmtesten Gaststätte des Spreewalds, sollte man einmal zu jeder Jahreszeit gehen. Im Frühling zwitschern die Vögel lauter und man hört die notwendigen Säge- und Baggerarbeiten, um die Kulturlandschaft zu erhalten und die Fließe für die Kanuten wieder befahrbar machen. Im Sommer wandert man durch das tiefe Grün gemeinsam mit vielen weiteren Besuchern, im Herbst leuchten die Blätter der Birken und Erlen in Gelb- und Orangetönen über den fast schwarzen Kanälen der Spree.

Der Winter jedoch ist die Lieblingszeit der Einheimischen, denn er ist ruhig und still. Die dünnen Eisschichten haben sich auf die Fließe gelegt, das Wasser leuchtet in tiefdunklem Smaragdgrün, fast könnte man denken, der Wassermann spränge gleich heraus. Und dort, wo das Wasser noch frei von Eis ist, spiegeln sich die dicht beieinander stehenden Bäume unendlich in der Wasseroberfläche. Ein Märchenwald kaum von dieser Welt.

Die Wotschofska, abgeleitet vom niedersorbischen Wort »wótšow«, das schlicht Insel bedeutet, ist eine der ältesten Gaststätten des Spreewaldes. Zu ihr führt auf 3,2 Kilometern ein schöner und im Sommer sehr beliebter Wanderweg, der bereits 1911 angelegt wurde. Das Highlight ist hier der Weg selbst, auch wenn das Restaurant ein schönes Ziel ist. Die Wotschofska hat allerdings im Winter geschlossen, und so nimmt man sich am besten eine Thermoskanne mit heißem Tee auf die Wanderung mit und lässt sich auf einer Bank irgendwo mitten im Hochwald mit Blick auf die Fließe nieder. Oder direkt bei der Wotschofska, denn die Holzbänke geben auch im Winter dem Wanderer eine Rastmöglichkeit. Zurück geht es auf dem gleichen Weg. Im Sommer ist das Restaurant auch per Kahn zu erreichen, zum Beispiel vom Dorf Lehde oder Neu Zauche.

Das Fahrrad lassen Sie besser am Ausgangspunkt bei Schloss Lübbenau stehen, denn es müssen einige kleine und größere Brücken überwunden werden.

52

Gasthaus Kaupen No. 6
Kaupen 6a
03222 Lübbenau
(Spreewald) – Lehde
03542 47897
www.kaupen6.de

WO DAS WASSER NICHT HINREICHT

Gasthaus Kaupen No. 6 in Lehde

Sehr alt ist das Gasthaus, das einfach nach seiner Postadresse benannt wurde, noch nicht: Erst 1996 eröffnete das *Kaupen No. 6* am Lehder Graben, nur wenige Meter von der Hauptspree entfernt. Das Bauernhaus selbst stammt aus dem 19. Jahrhundert und stellt mit seinen Holzwänden und typischen Verzierungen einen wahren Spreewald-Traum dar. Um zum Gasthaus zu kommen, geht es auf einem Schotterweg an Wiesen und kleinen Holzschuppen vorbei, ein paar Gänse schnattern und Ziegen meckern. Die Sonne hat mich beim Spaziergang durch Lehde ordentlich ins Schwitzen gebracht und ich freue mich auf eine Erfrischung.

»Kaupen« ist der wendische Ausdruck für »Insel«. Auf den Kaupen haben die Slawen traditionell ihre Häuser gebaut, die hier vor Überflutung geschützt waren. Kaupen No. 6 liegt ebenfalls auf so einer alten Insel und war bis zum Jahr 2000 nur über den Wasserweg zu erreichen. Daher ist es immer noch üblich, mit dem Boot anzureisen, an der Terrasse festzumachen und sich direkt zu Tisch zu begeben. Für die Fährleute sind stets Plätze reserviert – der Spreewald ist klein und man ist auf gute Nachbarschaft und Zusammenarbeit angewiesen.

Ich sitze am Nebentisch unter einer alten Linde bei der leckeren hausgemachten Gurkenlimonade und entspanne im Schatten. Trotz aller Emsigkeit in der Hochsaison ist es hier angenehm ruhig. Die Speisekarte ist übersichtlich und bietet ausgewählte, lokale Speisen, vom Hering über die Hefeplinse bis zu den typischen Spreewälder Pellkartoffeln mit Quark. Ich nasche von meinem Gurkenteller und denke, dass ich es hier auch länger aushalten könnte. Am Ende muss ich mir eine ganze Ladung Senf und Meerrettich in verschiedenen Geschmacksrichtungen kaufen, natürlich ebenfalls hausgemacht. Es bleibt das Gefühl, einfach viel zu kurz dagewesen zu sein.

Unter dem Dach befindet sich eine gemütliche kleine Ferienwohnung, die gemietet werden kann.

58

Schloss Lübbenau
Schlossbezirk 6
03222 Lübbenau
(Spreewald)
03542 8730
www.schloss-luebbenau.de

VOM VERLORENEN REICHTUM

Schloss Lübbenau

Kulturinteressierte werden im Spreewald immer wieder auf die Spuren der Adelsfamilie zu Lynar stoßen. An ein dunkles Kapitel der Familiengeschichte erinnert ein schlichtes Mahnschild am Schloss Lübbenau. Es erzählt in knappen Worten die Hinrichtung von Wilhelm Friedrich Graf zu Lynar durch das nationalsozialistische Regime, nachdem sich Wilhelm Friedrich am Stauffenberg-Attentat auf Hitler am 20. Juli 1944 beteiligt hatte. Die Familie verlor dadurch das Schloss nach über 300 Jahren Besitz.

Ursprünglich stammt das Adelshaus zu Lynar aus Italien, wo es durch Leinproduktion großen Reichtum erwarb. Im 16. Jahrhundert verschlug es den Lutheraner und Baumeister Rochus Quirinus Graf zu Lynar nach Berlin und Spandau. Hier errichtete er die Zitadelle und erweiterte das Berliner Schloss. Im Jahr 1621 erwarb Rochus' Schwiegertochter das Schloss Lübbenau. Im Laufe der Zeit erwarb die Adelsfamilie weitere Güter und Ländereien und besaß im 19. Jahrhundert 20 Ortschaften und 10.000 Untertanen. An die Vorfahren erinnert eine Skulptur von Rochus Graf zu Lynar vor dem Eingangstor.

Infolge der Enteignung von 1944 diente das Schloss unter anderem als Kriegslazarett, anschließend als Kinderkurheim, stand lange leer und verfiel. Nach der Wende wurde es den Nachfahren der zu Lynars rückübertragen, die es aufwendig renovierten und als Vier-Sterne-Hotel eröffneten. Das heutige klassizistische Erscheinungsbild stammt aus dem 19. Jahrhundert. Die Gestaltung des wundervollen Schlossparks, der sowohl im Sommer als auch im Winter einen Spaziergang wert ist, soll unter Einflüssen von Fürst Pückler-Muskau und dem Gartenkünstler Lenné erfolgt sein. Hier beginnt auch der beliebte Wanderweg zur Wotschofska und es finden regelmäßige Veranstaltungen statt, zum Beispiel das jährliche Sommertheater.

Im ehemaligen Marstall sind Ferienwohnungen untergebracht. Insbesondere ein Besuch im mehrfach ausgezeichneten Hotelrestaurant Linari lohnt sich – unbedingt vorher reservieren!

54

Werkstatt Sorbische Eier in der Galerie Ro
Ehm-Welk-Straße 45
03222 Lübbenau (Spreewald)
0162 7076337
www.sorbische-eier.de

Glück in der Schale

Werkstatt Sorbische Eier in der Galerie Ro

Beim Eintreten duftet es nach Kerzenwachs und Ruß und ich fühle mich schlagartig an meine Kindheit erinnert, in der meine Mutter leidenschaftlich Batiken anfertigte. Hier werden zwar keine T-Shirts gebatikt, aber ähnliche Zutaten verwendet: Mit Bienenwachs und Farbe verziert Bärbel Lange seit über 40 Jahren Eier in sorbischer Tradition.

Man werde ein bisschen süchtig, sagt sie, nach den hübschen, filigranen Mustern, die im Spreewald ganze Ostersträuche schmücken. Bei den Sorben ist dieses Handwerk seit 300 Jahren Tradition. Die verschiedenen Symbole bedeuteten Glück, Schutz für die Familie oder versprachen Fruchtbarkeit. Heute ist diese Art der Malerei etwas aus der Mode gekommen, vermutlich auch, da ein einziges Ei eine lange Fertigungszeit benötigt. Dabei sei das fast wie Meditation, erklärt Frau Lange, wie eine Entspannungseinheit.

Die Galerie Ro, in der die Künstlerin arbeitet, ist gleichzeitig Laden und Werkstatt, hier werden auch Werke anderer Künstler angeboten. Sorbische Eier können mit verschiedenen Techniken hergestellt werden. Viele sind sehr kompliziert, aber auch einfachere Muster sind möglich. Mit Federn wird das Wachs in Tropfenform, Dreiecken und Strichen aufgetragen und das Ei anschließend ins Farbbad getaucht. Danach wird das Wachs entfernt, und mit der nächsten Schicht entsteht die zweite Farbe. So geht es weiter, bis das Werk vollendet ist. Wichtig ist der Künstlerin dabei, dass jedes Ei anders ist. Schließlich möchte sie nicht wie am Fließband produzieren, sondern jedes Ei soll ein Unikat sein.

Wer es selber probieren möchte, bekommt nach Anmeldung einen Kurs, alle nötigen Materialien werden dafür gestellt. Natürlich kann man die wertvollen Eier hier auch erwerben.

Kurse können Sie das ganze Jahr über belegen, kurz vor Ostern sind diese aber meist ausgebucht.

55

Stadtkirche St. Nikolai
und **Sagenbrunnen**
Winkelgasse 2
03222 Lübbenau
(Spreewald)
03542 404218
www.kirche-luebbenau.de

Kleiner Hafen
Am Spreeschlösschen
Spreestraße 10a
03222 Lübbenau
(Spreewald)
03542 403710
www.kahnfahrten.org

AUF GUTE NACHBARSCHAFT

Stadtkirche St. Nikolai und Sagenbrunnen

Der hohe schlanke Turm der Stadtkirche St. Nikolai in Lübbenau heischt nach Aufmerksamkeit. Das Äußere ist untypisch für den Spreewald im Dresdner Barockstil gestaltet, die helle Fassade mit der hohen Turmhaube scheint den Marktplatz fast zu erleuchten.

Ursprünglich von Fließen umgeben, fiel die Vorgängerkirche vermutlich der Feuchtigkeit zum Opfer und musste im 18. Jahrhundert abgerissen und neu errichtet werden. Gerettet werden konnte nur der beeindruckende, 60 Meter hohe Kirchturm, der aus dem 17. Jahrhundert stammt. Der Neubau entstand, wie im Spreewald damals üblich, auf Erlenpfählen. Wie viele andere Bauwerke in der Gegend mussten diese jedoch später durch Betonplatten aufwendig ersetzt werden, als der Grundwasserspiegel in Folge des nahegelegenen Braunkohletagebaus in den 1960er- und 1970er-Jahren absank – die Pfähle kamen nunmehr mit Sauerstoff in Kontakt und drohten zu vermorschen.

Im Innern der Kirche sind Teile der originalen Rokoko-Ausstattung erhalten geblieben, hier befinden sich prächtige Logen und zweigeschossige Emporen. Die Kirche beherbergt außerdem verschiedene Gräber, unter anderem jene von Moritz Carl Graf zu Lynar und Rochus Friedrich Graf zu Lynar.

Bekannt und beliebt bei Kindern ist der Sagenbrunnen neben der Kirche mit Sagengestalten aus dem Spreewald, darunter einige Lutkis, auch Luttchen genannt, die Irrlichter und der Schlangenkönig. Im Sommer sprüht der Brunnen aus den verschiedenen Figuren kleine Fontänen. Gestaltet wurde er vom Rathenower Bildhauer Volker Michael Roth. Aufmerksame Spaziergänger werden in der Innenstadt noch weitere Werke von ihm finden, besonders schön ist der *Plakatkleber* an einer Litfaßsäule auf dem Weg zum Spreewelten-Bad.

Wer es etwas ruhiger haben möchte, spaziert anschließend nicht zum Großen Kahnhafen, sondern zum Kleinen Hafen Am Spreeschlösschen. Hier gibt es auch einen schönen Biergarten.

56

Wurlawy
Ehm-Welk-Straße 27
03222 Lübbenau
(Spreewald)
0176 78019121
www.wurlawy.de

WILDE TRACHTEN

Modeatelier Wurlawy

Traditionelle Trachten modern interpretiert – das hat mich sofort interessiert. Genau das findet der neugierige Besucher im Laden *Wurlawy* direkt in der Altstadt Lübbenaus, der zugleich Atelier und Kreativ- sowie Nähwerkstatt ist. Sarah Gwiszcz hat hier alles alleine auf die Beine gestellt und verkauft ausschließlich eigene Kreationen. Nach dem Studium im Jahr 2014 gründete die junge Designerin ihr Label. »Wurlawy« bedeutet in etwa »Wilde Spreewaldfrauen« und stammt aus dem Sorbischen. Die Libelle, Wahrzeichen des Spreewaldes, ist auch ihr Markenzeichen.

Inspiriert von den sorbischen Trachten des Spreewalds und dem, was ihr in den Sinn und kreativ vor die Nase kommt, interpretiert Sarah Gwiszcz Frauenkleider neu: ausladend oder dezent, mit Spitze, ausgestellt oder enganliegend. Mal ist eine Haube dabei, mal sind Totenköpfe auf dem wunderbaren Stoff, der übrigens umweltzertifiziert ist und nur aus nachhaltiger Baumwolle stammt – darauf legt sie Wert, ebenso auf die Unterstützung von sozialen Projekten.

Die Designerin arbeitet besonders gerne mit dem Blaudruck, einem traditionellen Verfahren in der Region. Neben T-Shirts oder Accessoires wie Taschen hängen einige Sommerkleider im Laden. Hier können sich auch Kundinnen bedienen, die vielleicht nicht das Kleingeld für eine maßgeschneiderte Tracht haben: charmante kurze Sommerkleider mit Falz und eingenähtem Blaudruck, der die Schürzen alter Trachten andeutet, und längere Röcke mit verzierten Blusen. Grundsätzlich möchte sie jedoch keine Stangenware produzieren, reich werden sei gar nicht ihr Ding. Etwas Schönes kreieren, das der einzelnen Kundin gefällt, Einzelstücke, die die Besonderheit der Trägerin und deren Wünsche in das Gewand mit einfließen lassen, das ist Wurlawy.

Auf der Website finden Sie viele Fotos und einige der schönen Stücke sind im Online-Shop erhältlich.

57

Spreewaldmuseum Lübbenau
Topfmarkt 12
03222 Lübbenau (Spreewald)
03573 8702420
www.museums-entdecker.de

WO DER TABAK WUCHS

Spreewaldmuseum Lübbenau

Das alte Backsteingebäude mit dem integrierten Torbogen war bis in die 1990er-Jahre Polizeidienststelle und Ortsgerichtsitz, bis das Spreewaldmuseum hier einzog. Ein Überbleibsel aus dieser Zeit ist die halb versteckte Zelle im Untergeschoss, die nur entdeckt, wer auf dem Weg zu den Toiletten falsch abbiegt. Durch eine kleine Klappe in der Tür spähe ich in eine winzige Zelle, die lediglich als Zwischenstation für die Beschuldigten diente, bis klar war, ob sie einsitzen mussten oder nicht.

Auch ohne diesen kleinen Abstecher gibt es viel zu entdecken im Spreewaldmuseum, das bereits 1899 gegründet wurde, vorrangig mit dem Ziel, über die Geschichte der Region zu informieren. Besonders gefallen mir die museumspädagogischen Beschriftungen: Ausführlich für die Wissenshungrigen, daneben die Kurzfassung für Kinder oder auch für Lesemuffel. Auf verschiedenen Stockwerken erfahren die Besucher viel über niedersorbische Lebensart, die Besiedlung des Spreewaldes, die Entwicklung damals und heute sowie spannende Details über den Naturraum Spreewald.

Eine Schusterwerkstatt und Leineweberei zeigen mit vielen Exponaten das alte Handwerk, die Spreewaldtracht und den berühmten Blaudruck. Ein Höhepunkt ist die Nachbildung eines komplett ausgestatteten Einkaufsladens um 1900 mit den damals üblichen Handelsprodukten. Im Nebengebäude steht tatsächlich eine originale Dampflock der Spreewaldbahn mit verschiedenen Waggons. Ich setze mich in die »Holzklasse« und wundere mich, wie winzig alles wirkt. Damals war eben alles kleiner, selbst die Gepäckfächer. Vielleicht ein Zeichen des geringeren Konsums? Ein Film spuckt die tuckernden Geräusche der alten Spreewaldbahn in den Raum und jetzt fühle ich mich wirklich aus der Zeit gefallen.

Gehen Sie nach der Ausstellung durch das alte Tor und bewundern Sie den riesigen Unterkieferknochen eines Grönlandwals aus dem 18. Jahrhundert – ein Geschenk eines in Lübbenau geborenen Kaufmanns.

58

Steakhaus Santa Fe
Robert-Koch-Straße 43
03222 Lübbenau
(Spreewald)
03542 888770
www.saloon-santafe.de

UNTER COWBOYS

Steakhaus Santa Fe

Man kommt nicht gerade zufällig am Restaurant *Santa Fe* vorbei, das sich mitten in einem Wohngebiet in der Neustadt Lübbenaus befindet. Dass sich hier ein Western-Saloon-Restaurant mit leckerem Steak-Angebot versteckt, vermutet man nicht unbedingt.

Das flache, ursprünglich schmucklose Gebäude diente früher als Speiseraum für die Schüler nebenan. Die Schule wurde mittlerweile abgerissen, denn durch die Stilllegung des Braunkohle-Tagebaus wanderten viele Familien ab. Nach einiger Überlegung übernahmen frühere Angestellte der Schule kurzerhand das Gebäude und schufen ein besonderes Steak-Restaurant. Als große USA-Fans sammelten sie etwa Möbelstücke, die insbesondere aus alter Kolonialzeit stammen, die Wände hängen voller Exponate – ich weiß gar nicht, wohin ich zuerst schauen soll.

Wo möchten wir sitzen? Unter dem Planwagen vielleicht, oder neben dem Tipi? Auf jeden Fall dort, wo die Eisenbahn die Getränke mit Bimmelton und »Tschtschtsch«-Geräuschen direkt an den Tisch bringt. Wenn wir eine Bestellung aufgeben wollen, drücken wir nur auf den Knopf, schon kommt die Eisenbahn angebraust und nimmt unseren Zettel mit. Gespannt warten wir, bis die Bahn mit rauschender Ankündigung mit den Getränken zurückkommt.

Das raffinierte Konzept funktioniert, wir trinken sicher mehr, als wir wollten, und auch am Nebentisch sind die Kinder sehr erpicht darauf, noch einmal etwas zu ordern. Das halbe Lokal kichert, wenn der Klang des Schienenratterns ertönt und die Bahn vorbeikommt, gute Laune ist vorprogrammiert. Das Highlight ist der Waggon am Ende des Zuges, der jedes Mal ausgetauscht wird und eine andere Überraschung bereithält. Mein Liebling ist die muhende Kuh, aber auch der sprechende Cowboy ist nicht schlecht. Beinahe unnötig zu erwähnen ist, dass das Steak perfekt auf den Punkt gebraten war.

Reservieren Sie am Wochenende unbedingt, das Restaurant ist sehr beliebt. Nur Barzahlung möglich.

59

Spreewelten Bad
Alte Huttung 13
03222 Lübbenau
(Spreewald)
03542 894160
www.spreewelten.de

EXOTISCHER SPREEWALD

Spreewelten Bad

Das Spreewelten Bad ist das Familien-Pendant der Spreewald Therme, denn hier geht es laut und spaßig zu. Das große Highlight: Humboldt-Pinguine, die sich im Becken nebenan vergnügen, nur durch eine Glasscheibe getrennt. Pfeilschnell flitzt ein schwarz-weißes Tier vorbei. Agil und offensichtlich furchtbar neugierig schwimmen die Pinguine gerne zu den lautesten Kindern, gucken sie kurz durch die Glasscheibe an und sind schon wieder weg. Eine Riesengaudi, die Kleinen kreischen vor Vergnügen. Sowohl vom Außenbecken wie vom Kletterbereich drinnen kann man die 16 Humboldt-Pinguine in Ruhe bestaunen, die hier täglich umherschwimmen. Über eine Tunnelverbindung können die Pinguine zu einem Rückzugsbereich gelangen. Am Nachmittag werden sie von einer Tierpflegerin gefüttert und ich bin erleichtert, dass keine Showeinlagen geliefert werden. Es ist spannend genug zu sehen, wie sich die wendigen Gesellen gegenseitig den Fisch wegschnappen.

Doch die exotischen Tiere sind nicht alles, was die Spreewelten zu bieten haben. Der Innenbereich erinnert mit Formen und Farben an den Spreewald, sogar durch ein Fließ kann man sich strudeln lassen, ringsum steht nachgebildetes Schilf. Es gibt mehrere Rutschen und einen Entspannungsbereich mit Vogelstimmen und Solebad.

Dass sich hier außerdem eine der schönsten Saunalandschaften Brandenburgs verbirgt, ist bisher ein gut gehütetes Geheimnis: Im Außenbereich des Wellnessbereiches finden sich unzählige Holzbohlenhäuser mit jeweils eigener Sauna, angeordnet um ein kleines Fließ, auf dem Enten schwimmen – eine Miniaturausgabe des Spreewaldes! In Familiendemokratie entscheiden wir uns gegen die Gurkensauna und für die *Sau-na* mit Birkenaufguss und Blick auf einen knackighölzernen Hintern eines Schweins. Na, das ist doch einfach: saugemütlich.

Nach der Fütterung am Nachmittag ziehen sich die Pinguine anscheinend gerne zurück. Wer sie sehen will, sollte besser früher kommen.

60

Pension Spreewelten
Bahnhofstraße 3d
03222 Lübbenau
(Spreewald)
03542 889977
www.pension.
spreewelten.de

IM GEHEIMZIMMER

Pension Spreewelten

Schräg, schräger, Kunst! – Das ist mein erster Gedanke, als ich die Pension Spreewelten entdecke und aus Neugierde sofort buchen muss. Ich gebe zu, der günstige Preis und die Lage direkt am Bahnhof tun ihr Übriges, mich zu überzeugen. Meinen Schlüssel kann ich im Restaurant nebenan abholen und mich alleine auf Entdeckungsreise begeben. Ich habe das *Geheimzimmer des Ambrosois C.* gebucht, das nach dem Verschwinden des schrägen Naturwissenschaftlers zugemauert und erst kürzlich wieder entdeckt wurde. Sehr seltsam: Die wöchentlich aufzuziehende Wanduhr in seinem Zimmer ging immer noch bis auf die Minute genau! Konnte das wahr sein?

Unglaublich neugierig und leider auch mit einer ordentlichen Erkältung im Gepäck betrete ich das Gebäude. Ein Baum aus Metall, eine Erle, würde ich meinen, weist ins Treppenhaus hinauf – da geht's lang. Ein Flur, dann stehe ich in der *Gurkenlounge*, einem gemütlichen, mit Lichtwänden ausgestatteten Aufenthaltsraum, der in warmen Grüntönen dem Spreewald nachempfunden ist. Als hätte jemand meine Gedanken gelesen, stehen hier Wasserkocher, Teebeutel und Kaffee bereit. In dieser Nacht kuriere ich mich wunderbar in dem gemütlichen kleinen Zimmer des Ambrosius C. aus, von dem ich leider kein Wort verraten darf, das haben mir die wertvollen Pergamente auferlegt, die ich in einer Schublade fand.

Wer das Arthotel entdecken will, sollte sich auf der Website umschauen und erste Eindrücke der weiteren Zimmer sammeln, jedes ist einmalig und von einem anderen Künstler gestaltet ist. Das Gemach des Wendenkönigs dürfte besonders Kindern Spaß machen, ebenso der Spreewaldexpress Miss Marple, der wie ein Zugabteil aussieht. Das Frühstück gibt es nebenan im Restaurant.

Meine Sorge, dass ein Zimmer am Bahnhof zu den Gleisen sehr laut sein würde, erwies sich als unbegründet. Die Fenster sind sehr dicht und schlucken die meisten Geräusche.

61

Spreewaldbahnhof Straupitz
Bahnhofstraße 18
15913 Straupitz
035475 548003 (Café)
www.ig-spreewaldbahn.de

AUF ALTEN SCHIENEN

Spreewaldbahnhof Straupitz

Der Spreewaldbahnhof in Straupitz (niedersorbisch: Tšupc) ist ein unentdecktes Kleinod. Bahnhöfe der alten stillgelegten Spreewaldbahn haben es mir angetan und ich schaue hier deshalb eines Tages auf einer kleinen Spreewald-Tour vorbei. Ich erwarte ein verfallenes Gebäude, doch weit gefehlt: Das Bahnhofsgebäude erstrahlt in frischem Weiß mit grünem Fachwerk. Nebenan stehen sogar Waggons und eine echte Lok der Spreewaldbahn!

Während ich neugierig die Schilder begutachte, lächelt mir ein älterer Herr freundlich zu und schließt dabei die Bahnhofstür auf. »Hallo«, rufe ich. »Gehören Sie hier dazu?« Das wolle er wohl meinen, sagt er und bietet mir einen Kaffee an. Das Café habe zwar eigentlich noch geschlossen, aber ein Kaffee geht immer. Gastfreundschaft wird im Spreewald großgeschrieben. Ein Kaminofen bollert in der Ecke, der Stil ist gemütlich und als Beilage zum Schümli-Kaffee gibt es ein sehr leckeres Stück Kuchen, natürlich selbstgebacken. Aus dem Spreewald stamme er, erzählt mir der Besitzer mit dem Rauschebart. Der Bahnhof sei sein kleines persönliches Projekt, er und seine Frau haben ihn alleine wieder aufgebaut. Ich staune, mit all den Bau- und Denkmalvorschriften war das wohl ein riesiges Unterfangen. Wir plaudern noch ein bisschen über alte Zeiten, das Leben im Spreewald und den Tourismus, mit dem ein bisschen Hektik aufgekommen ist, weshalb er sich ins ruhigere Straupitz zurückgezogen hat.

Nebenan werkeln die Mitglieder des *IG Spreewaldbahn*-Vereins mit Eifer an ihrer Ausstellung über die alte Bahn. Das Gelände darf auch nach den Schließzeiten auf eigene Gefahr betreten werden, an den alten Waggons und den Loks haben auch Kinder ihren Spaß. So klettere ich noch ein bisschen zwischen den Waggons umher und lese mir an den Hinweistafeln die Geschichte der Spreewaldbahn durch, die hier einst ihre Hauptstelle hatte. Schade eigentlich, dass diese Zeiten vorbei sind. Aber schön, dass manche Menschen sich an sie erinnern und diese Erinnerungen weitertragen.

Das Café ist am Wochenende geöffnet.

62

Schinkelkirche
Kirchstraße 5
15913 Straupitz
035475 496 (Pfarramt)
www.ev-kirchgemeinde-straupitz.de

GEMEINSAM UNTER EINEM DACH

Schinkelkirche

Bei einem Besuch im beschaulich-kleinen Straupitz verwundern auf den ersten Blick die markanten Türme der für den kleinen Ort viel zu groß wirkenden Schinkelkirche, die hier zwischen 1827 und 1832 nach den Entwürfen des berühmten preußischen Stararchitekten Karl Friedrich Schinkel entstand. Der Entwurf war ein Gefallen für die von Houwalds, Adelsfamilie von Straupitz und Bewohner des Straupitzer Schlosses. Durch den Dramen- und Theaterschreiber Ernst Christoph Freiherr von Houwald verfügte die Familie über Kontakte nach Berlin und somit auch zum Oberbaurat Schinkel.

Da die Herrschaft der von Houwalds ganze sieben Dörfer beinhaltete und kaum nennenswerte Kirchen im Umkreis existierten, wünschten sie sich ein standesgemäßes, großes Gotteshaus für alle Dorfbewohner. Beachtliche 1.700 Plätze wurden daher als Planungsgrundlage angesetzt. Zwei Drittel der Baukosten zahlten die von Houwalds selbst, der Rest wurde durch den König und Spenden der Gemeindemitglieder aufgebracht. Für den Bau wurde die kleinere Kirche abgerissen, die alte Gruft hingegen wurde belassen und in den Neubau integriert.

Das imposante Gebäude ist in seiner Gradlinigkeit ein besonderes Exemplar des Klassizismus und beeindruckt mich bereits von außen. Auffällig sind die beiden riesigen quadratischen, flach abschließenden, 40 Meter hohen Türme, die einen weiten Blick in die Landschaft ermöglichen. So hell wie die Außenfassade leuchtet auch der strahlend weiß gestrichene Innenraum, der mit einigen mintgrünen Akzenten dezent Farbe ins Spiel bringt. Hier befinden sich teilweise drei Emporen übereinander. Schlichte weiße Holzbänke sind vor dem Altar installiert, über dem sich eine runde Kassettendecke wölbt. Die Innenausstattung ist vollständig erhalten. Der Taufstein stammt von einer älteren Kirche aus dem 17. Jahrhundert.

Der riesige, 1905 angelegte Schlosspark ist einen ausgiebigen Spaziergang wert. Für Besichtigungen der Kirche wird beim Pfarramt um Anmeldung gebeten.

63

Kornspeicher Straupitz
Kirchstraße 12
15913 Straupitz
035475 804709
www.kornspeicher-straupitz.de

WIE SICH'S FRÜHER ARBEITETE

Kornspeicher Straupitz

Der Kornspeicher in Straupitz ist kaum zu übersehen. Ein beeindruckendes Fachwerk-Gebäude, das wenig in diese Gegend zu passen scheint. Ich habe Glück: Ein Vereinsmitarbeiter hat hier gerade etwas zu erledigen, denn eigentlich ist im März nur am Wochenende geöffnet. So komme ich in den Genuss einer kleinen Privaterzählung über das historische Gebäude.

Noch bis 1990 wurde der Kornspeicher auch als solcher genutzt, erst mit der Wende wurde der Betrieb eingestellt. Die Gemeinde beschloss den Erhalt und sanierte im Jahr 2004 das Gebäude. Mit Hilfe des Vereins Freundeskreis Kornspeicher Straupitz e. V. bereits 2005 wiedereröffnet, beherbergt der Kornspeicher heute eine Regionalausstellung mit vielen Gegenständen aus dem Dorfleben: Zahlreiche Utensilien und Werkzeuge für Alltag und Landwirtschaft wurden zusammengetragen, um Wohn-, Küchen- und Schulraum nachzustellen. Natürlich erfährt man auch alles über die Funktion des Kornspeichers, der früher auf dem Land weit verbreitet war.

Das Auffälligste am hohen, dreistöckigen Gebäude sind wohl die vielen kleinen Klappen, durch die das Korn belüftet und getrocknet wurde. Sehr zugig und dunkel sei es da drin gewesen, erzählt der Vereinsmitarbeiter. Wahrlich kein schöner Arbeitsplatz. Wurde neues Korn angefahren, zog das ältere Korn in die darunter liegende Etage – Korntrocknung in zwei Phasen. War der Durchgang fertig, wurde das Korn in die nahe gelegene Mühle gefahren, um dort zu Mehl gemahlen zu werden. Der Kornspeicher beherbergt eine weitere Besonderheit: einen Eisraum im Keller. Im Winter wurden hier Eisklötze vom Straupitzer See eingelagert, die sich durch die Kellerkühle bis in den Sommer hielten.

Wer zu den Öffnungszeiten kommt, sollte sich eine kleine Führung nicht entgehen lassen und anschließend im Vorgarten eine gemütliche Kaffeepause einlegen.

Starten Sie von hier aus einen kleinen Straupitz-Rundgang. Er führt hinter dem Schloss entlang und ist ausgeschildert.

64

Holländerwindmühle Straupitz
Laasower Straße 11a
15913 Straupitz
035475 16997
www.windmuehle-straupitz.de

BEFLÜGELT

Holländerwindmühle Straupitz

Die Stufen knarzen, als ich die schmale Holztreppe nach oben gehe, in den ersten, in den zweiten Stock und dann noch ein paar Stufen hinauf, bis ich die Turmhaube der letzten aktiven Dreifachmühle Europas erblicke. Haube und Flügel wurden erneuert, doch die Holländerwindmühle selbst stammt bereits aus dem Jahr 1850. Die Korn- und die Sägemühle sind nicht mehr in Betrieb, die Ölmühle läuft jedoch regelmäßig und produziert das in der Region so beliebte Leinöl. Für einen geringen Eintrittspreis kann man die Mühle auf eigene Faust entdecken und der Mühlenausstellung folgen. Im ersten Stock erklärt ein Film den gesamten Mahlvorgang, Tafeln erläutern die genauen Arbeitsschritte. Viel Platz ist nicht, denn die komplizierte Technik des Mahlwerkes muss hier auf wenigen Quadratmetern Platz finden. Der letzte Aufgang ist so schmal, dass ich meinen Rucksack absetzen muss.

In der ganzen Mühle hat sich der süßlich-nussige und mit Röstaromen versehene Duft ausgebreitet. Mir läuft das Wasser im Mund zusammen und ich freue mich schon auf die anschließende Leinölverkostung, die im Preis inklusive ist. Zunächst geht es aber von der Kornmühle weiter in den Ölbetrieb, da wird tatsächlich gerade gearbeitet. Der Mühlenmeister läuft zwischen den verschiedenen Stationen hin und her und erklärt anschaulich den Vorgang der Leinölpressung. Es duftet angenehm und ist gar nicht so laut, wie ich vermutet hatte. Immer wieder kommen Besucher herein und begutachten die Maschinen.

Die nächste Tür führt weiter in den alten Sägebetrieb. Die Ausstellung zeigt alte Werkzeuge und Holz-Exponate. Doch jetzt meldet sich der Hunger und ich kehre in das hübsch renovierte Müllerhaus ein, das ein Restaurant beherbergt. Zum Essen gibt es selbstverständlich: Pellkartoffeln mit Leinöl und Quark.

Das Restaurant ist gleichzeitig Hofladen und natürlich können Sie hier auch Leinöl kaufen.

65

Byttna-Hain
Startpunkt: Touristeninformation Oberspreewald
Kirchstraße 11
15913 Straupitz
035475 80977
www.straupitz.de

Haus am See
Am See 2
15913 Byhleguhre-Byhlen
035475 804811
www.das-haus-am-see.de

AUF ALTEN WEGEN WANDELN

Byttna-Hain

Bei alten Bäumen habe ich stets das Bedürfnis, ehrfurchtsvoll mit der Hand über ihren alten, knorrigen Stamm zu streichen. Das Alter der Byttna-Eichen ist nicht genau benannt, doch mit einem Umfang von über sieben Metern dürften sie einige hundert Jahre auf dem Buckel – Entschuldigung, auf der Rinde – haben.

Der Spazierweg, auf dem man von Straupitz zu den Bäumen gelangt, nennt sich schlicht »Zur Byttna-Eiche«, womit der größte der imposanten Bäume gemeint ist, die Kaiser-Wilhelm-Eiche. Tatsächlich wurde hier jedoch eine ganze Allee gepflanzt, einige der Exemplare sind nicht minder beeindruckend, wie zum Beispiel die Christoph-Heinrich-Eiche, an der schon viele Äste abgestorben sind und an deren Rinde sich die Insekten laben.

Wer die Allee angelegt hat, ist nicht bekannt, vermutlich führte einst der nördliche Hauptweg des oberen Spreewaldes hier entlang. Nicht weit entfernt liegt heute die Hauptstraße, deren Verkehr im Frühjahr zu hören ist, wenn noch kein dichtes Blätterwerk den Schall schluckt. Einige Bänke zieren den Weg, auf denen man sich niederlassen und die enorme Gestalt der Bäume auf sich wirken lassen kann.

Ein kleiner Trampelpfad an der Kaiser-Wilhelm-Eiche verrät, dass ich nicht die Einzige bin, die den 7,6 Meter Umfang beim Umrunden selbst erfassen möchte. Anschließend hocke ich mich an den kleinen Tisch nebendran und sinniere, welche Geschichte diese Eiche wohl zu erzählen hätte, vielleicht sogar von der Kultivierung des oberen Spreewalds durch die Lusitzen oder die Niedersorben? Welche Kriege wurden hier wohl gefochten, welche Duelle ausgetragen? Und vielleicht hat einst eine Lutki-Familie unter den Wurzeln gewohnt, die kleinen mythischen Spreewaldbewohner. Wer weiß das schon.

Der Byhleguhrer See liegt nur wenige Kilometer entfernt und lohnt einen Abstecher. Dort können Sie zum Beispiel im *Haus am See* einkehren.

66

Liuba-Stein
Lübbener Hain, Hauptweg
15907 Lübben (Spreewald)

Informationen:
Spreewald-Service Lübben
Ernst-von-Houwald-Damm 15
15907 Lübben (Spreewald)
03546 3090
www.luebben.de

VOM WÜNSCHEN UND STERBEN

Liuba-Stein

Es ist ja nicht so, dass man sich mitten im Spreewald wähnt, wenn man am Bahnhof Lübben (Lubin) aus dem Zug steigt. Wer hier romantische Holzhäuser und Flüsse erwartet hat, wird enttäuscht, denn dazu muss man erst einmal die etwa zwei Kilometer lange Strecke durch das neuere Lübben bis zum Lübbener Hafen im alten Stadtteil überbrücken. Auf diesem Weg liegt jedoch ein echtes Highlight: der Lübbener Hain mit dem Liuba-Stein. Der Lübbener Hain ist ein unter Naturschutz stehender Restauwald mit vielen alten Stieleichen, Buchen und Ulmen. Der dichte Wald verschluckt schnell die Geräusche der Stadt, fast möchte man in dem 20 Hektar großen Gebiet einfach weiter umherwandeln und die bis zu 30 Meter hohen Eichen bestaunen. Irgendwo hoch in den Wipfeln erklingt der Ruf eines Greifvogels.

Der Hain wird bereits in Schriften aus dem Mittelalter erwähnt. Mittendrin befand sich eine slawische Kultstätte, an der die Wenden ihrer Liebesgöttin Liuba huldigten. Die Stätte soll an einer sehr alten Eiche gelegen haben, die der Göttin geweiht war. Als Erinnerung daran errichtete die Stadt bereits 1854 an jener Eiche ein Monument, den Liuba-Stein. Er steht heute nicht mehr an der originalen Stelle, sondern wurde – vielleicht aus praktischen Gründen – an seinen heutigen Platz direkt an den Weg verlegt. Bevor Sie sich etwas wünschen, denken Sie lieber an die Göttin Liuba und ihre Sage:

Einst flehte am Fuße der alten Eiche eine schöne junge Sorbenprinzessin die Göttin der Liebenden an, sie bald wieder mit ihrem Liebsten zu vereinigen, der in den Krieg gezogen war. Dafür opferte sie ihr wertvollstes Diadem. Auf dem Rückweg geriet ihre goldene Kutsche in einen tiefen Morast, der die Kutsche samt Prinzessin verschlang. Zur gleichen Zeit traf den Geliebten im Kampf ein tödlicher Pfeil. So hatte die Göttin Liuba das Paar wieder vereint.

Der wendische Ortsname Lubin ähnelt nicht zufällig dem Wort »Liuba«. Er leitet sich vermutlich vom sorbischen Personennamen Luba ab.

67

Paul-Gerhardt-Kirche
Am Markt
15907 Lübben (Spreewald)
03546 3122 (Führungen)
www.paul-gerhardt-luebben.de

GANZ HOCH HINAUS

Turmführung in der Paul-Gerhardt-Kirche

Das Wahrzeichen Lübbens ist kaum zu übersehen und steht direkt am Marktplatz: die beeindruckende dreischiffige Paul-Gerhardt-Kirche mit hohem Kirchturm, der streng genommen ein eigenes Bauwerk ist und der Stadt gehört. Am Eingangsportal begrüßen unter anderem Martin Luther, Johann Sebastian Bach und Georg Friedrich Händel den interessierten Besucher, wenn dieser genau in die steinernen Gesichter des Backsteinbaus schaut. Die Kirche stammt aus dem 17. Jahrhundert und wurde nach dem berühmten Kirchenliederdichter Paul Gerhardt benannt, der hier von 1669 bis zu seinem Tod im Jahr 1676 als Pfarrer tätig war. Der markante, rechteckige Kirchturm mit achteckigem Aufsatz und einer Kupferhaube überrascht mit einer Besonderheit: In seinem Innern liegt eine Wohnstube für die Wächterfamilie.

Im Gegensatz zu anderen historischen Gestalten, die Interessierten regelmäßig im Rahmen einer Stadtführung Lübben zeigen – die Liebesgöttin Liuba zum Beispiel –, ist Vera Städter auch im echten Leben die Türmerin von Lübben. Während ein Türmer früher die Aufgabe hatte, die Stadt vor drohenden Gefahren zu warnen, führt die einzige weibliche Vertreterin dieser Zunft in schwarz-gelber Türmertracht Berlin-Brandenburgs heute die Gäste auf den Turm, um über die Stadt und Kirche zu erzählen.

Die Aufstiege finden regelmäßig mehrfach in der Woche sowie individuell auf Anfrage statt und eignen sich auch für Kinder ab fünf Jahren, denen sich Vera Städter besonders gerne widmet. Für den Turmaufstieg ist eine Reservierung erforderlich. Nach gut einer Stunde und vielen Pausen für kleine Geschichten ist der Aufstieg der 115 Stufen geschafft. Bei gutem Wetter hat man hier in 22 Metern eine tolle Aussicht und einen weiten Blick bis tief in den Spreewald.

Vera Städter bietet auch Kahnfahrten an, zum Beispiel im Winter die Kakaokahnfahrt für Kinder.

68

Lübbener Bücherzelle
Am Markt
15907 Lübben (Spreewald)

Atelier Franzka + Ascher
Ziegelstraße 11
15907 Lübben (Spreewald)
www.hirnflug.de

Faust trifft Pippi Langstrumpf

Lübbener Bücherzelle

Mitten auf dem Marktplatz in Lübben, gegenüber der Paul-Gerhardt-Kirche, steht eine buntbemalte, alte Telefonzelle, die zu einer kleinen Bücherei umfunktioniert wurde. Sorgfältig wurden Regale eingebaut, Bücher stehen dicht an dicht ordentlich aufgereiht – das Konzept scheint zu funktionieren. Neugierig begutachte ich die verzierte Zelle und die vorhandenen Bücher: *Das Dschungelbuch* und *Die Drei Musketiere* sowie Bände von Jack London und Else Ury haben einen Platz gefunden. Außen strahlen mich die Namen von Goethe und Lindgren an, ein im Löwenkostüm verkleidetes Mädchen sitzt auf einem Stuhl und liest. Die spreewaldtypische Schlange schaut ihr dabei freundlich über die Schulter. Die wunderbare Gestaltung entstammt dem Künstleratelier Franzka + Ascher, die in ihrer Galerie Skulpturen, Keramiken, Illustrationen und vieles mehr anbieten.

Initiiert wurde das Projekt gemeinsam vom Lausitzer Spendenverein Wir Helfen, dem Sozialverein Lübbener Lions Club und dem Arbeiter-Samariter-Bund Lübben. Einige Verlage und Büchervereine stifteten die Erstausstattung und nun heißt es: ein Buch geben, ein Buch nehmen, ein einfaches Tauschprinzip. Wer nichts hat, darf auch so ausleihen und das Buch nach dem Lesen zurücklegen. Bücherspenden sind natürlich ebenfalls willkommen.

Seit 2017 ist das Konzept erfolgreich, was vielleicht auch dem aktiven Twitter-Kanal *@buecherzelle_LN* geschuldet sein mag: Regelmäßig gibt es hier Updates zu Bücherspenden, passend zum Tag der Biene, zum Trachtenfest, Balzacs Geburtstag oder dem *#StarWarsDay*. In herrlichen Tweets, die zwischen Ernsthaftigkeit, Spaß und Ironie balancieren, wird auf die Vielfalt und Relevanz von Büchern hingewiesen. Das nächste Mal, wenn ich nach Lübben fahre, habe ich auf jeden Fall ein paar Bücher unter dem Arm.

Unbedingt einen Abstecher zur sympathischen Galerie *Franzka + Ascher* machen, die von zauberhafter Malerei bis zum Holzschnitt eine bunte Vielfalt künstlerischer Werke ausstellt und zum Verkauf anbietet.

69

SchoberTreff
Hauptstraße 12
15907 Lübben (Spreewald)
www.lobetal.de

Den Menschen ein Herz

Begegnungsstätte SchoberTreff

Das Schaufenster macht neugierig: »SchoberTreff«, steht auf einer kleinen Bank, ein Schild lädt zum Kaffeetrinken und Entdecken ein, darüber Papierlampen und handgemachte Dekorationsartikel. Ein feiner kleiner Laden, wo man auch eine Pause einlegen kann? Genau das und noch etwas mehr ist der SchoberTreff der Hoffnungstaler Stiftung Lobetal, die Menschen mit psychischen Erkrankungen ein Zuhause gibt und ihre Teilhabe am gesellschaftlichen Leben fördert. Zur Stiftung gehören mehrere Wohnprojekte, medizinische Angebote, Werkstätten und Versammlungsorte. Der SchoberTreff ist gleichzeitig Begegnungsstätte und Arbeitsplatz, Café und Eingliederungshilfe.

Ich werde sofort willkommen geheißen, darf es eine Tasse Kaffee sein oder möchte ich erst ein wenig schauen? Auf meine neugierigen Fragen wird mir offen das Prinzip dieses Projekts und die Ideen der Stiftung vorgestellt. Im Verkaufsraum werden die handgefertigten Sachen angeboten, Weihnachtsbäumchen, Ostereier, Papierkunststücke und geschnitzte Spreewaldkähne in Miniatur. Eine Couch lädt zum Sitzen ein. Im hinteren Bereich wird derweil fleißig gearbeitet. Die Besucher sind eingeladen zuzuschauen, wie aus altem Papier Schüsseln oder Anhänger werden. Auf einem Tisch wird das Geflecht eines Stuhlsitzes erneuert – eine ziemlich komplizierte Angelegenheit.

Heute ist schönes Wetter und ich sehe mich im romantischen Garten um, wo man sich zwischen Blumen, Backsteinmauer und Holzarbeiten auf gemütlichen Bänken niederlassen und ein Stück Kuchen essen kann. Die beiden, die heute im Laden werkeln, sind vor kurzem in Trägerwohnungen der Lobetaler Wohnen gGmbH gezogen, erklärt mir die Mitarbeiterin nicht ohne Stolz. Genau das ist das Ziel: die Fähigkeiten der Menschen hervorzubringen und das Selbstbewusstsein zu stärken, um ein eigenständiges Leben führen zu können. Ein tolles Projekt.

Danach gleich noch in den schönen Blumenladen nebenan gehen.

70

Schloss und Schlossinsel Lübben
Ernst-von-Houwald-Damm 14
15907 Lübben (Spreewald)
03546 187478
www.luebben.de

AUF SCHUTT UND GLORIA

Schloss und Schlossinsel Lübben

Die historischen Gebäude muss man in Lübben ein wenig suchen, denn die Stadt wurde 1945 zu großen Teilen zerstört. Erhalten geblieben sind ein Teil der Stadtmauer und einzelne Gebäude. Auch das Lübbener Schloss hat diese Zeit glücklicherweise überstanden.

Die große Hauptstraße, welche direkt am Schloss entlang verläuft und wenig zu einer Kleinstadt zu passen scheint, ist neu gestaltet und lässt erahnen, dass Lübben es mit einem stark ansteigenden Touristenstrom zu tun hat. Ursprünglich folgte die Straße ihrem mittelalterlichen Verlauf. Bereits zu jener Zeit stand auf dem Grund des Lübbener Schlosses eine Wasserburg. Ihr Wehrturm stammt aus dem 14. Jahrhundert, diente auch als Wohnung für den Herzog und enthält heute den prächtigen restaurierten Wappensaal. Das Schloss selbst entstand im Jahr 1561, wurde jedoch mehrfach beschädigt und umgebaut. Im Obergeschoss findet sich das Stadt- und Regionalmuseum.

Über eine kleine Brücke hinter dem Schloss erreiche ich die wunderbare Schlossinsel, die mich stets zu einem kleinen Spaziergang einlädt. Die Insel erstreckt sich zwischen Hauptspree und Burg-Lübbener Kanal und ist durchzogen von Kanälen und Wegen, die einen Klanggarten, ein Labyrinth und einen beliebten Wasserspielplatz kreuzen – so kommen auch Kinder voll auf ihre Kosten. Ursprünglich wurde auf dieser Fläche nach dem Zweiten Weltkrieg der Schutt von den vielen zerstörten Gebäuden gelagert. Erst Ende der 1990er-Jahre begann man, die Insel umzugestalten und als eine Erweiterung des Schlossareals zu nutzen. Heute ist die Schlossinsel zu einem beliebten Treffpunkt auch bei Einheimischen geworden. Verschiedene Veranstaltungen und der jährliche Inselmusiksommer finden hier statt.

Regelmäßig finden Veranstaltungen speziell für Kinder statt.

71

Altes Gärtnerhaus
Ernst-von-Houwald-Damm 6
15907 Lübben (Spreewald)
03546 186956
www.altes-gärtnerhaus-lübben.de

FAST WIE ZUHAUSE

Altes Gärtnerhaus

Das wunderschöne Gärtnerhaus ist bereits von außen ein Hingucker und ich verliebe mich sofort, als ich es das erste Mal zu Gesicht bekomme: Es präsentiert sich in zartem Rosa, berankt von Blumen. Am allerschönsten ist die fein geschnitzte Holzüberdachung im Eingangsbereich. Mit seinen Spalieren an der Fassade erinnert es an Goethes Gartenhaus in Weimar. Das war wohl auch die Idee der Besitzer, die das aus dem 19. Jahrhundert stammende und recht verfallene Gebäude in den 1990er-Jahren der Stadt Lübben abkauften und komplett sanierten. Die Bezeichnung Gärtnerhaus geht auf seinen ersten Bewohner zurück, den Schlossgärtner von Schloss Lübben, weshalb das Haus wohl auch in unmittelbarer Nähe zum Schloss steht.

Ein charmanter Zaun begrenzt den kleinen Biergarten, der mit seinem Sammelsurium aus Blühpflanzen und Kräutern rundherum ein bisschen aussieht wie aus Bullerbü gefallen. Wer eintritt, wird überrascht: Man ist tatsächlich in einem ganz normalen Wohnhaus gelandet. Drinnen herrscht daher Wohnzimmeratmosphäre, ein paar Tische füllen den Raum. Ich wähle meinen Platz direkt neben dem Bücherregal und habe die Wahl zwischen lokaler Küche und einem italienischen Mix. Gnocchi oder Flammkuchen? Das hier so beliebte Rumpsteak oder einfach Pellkartoffeln mit Leinöl und Quark, wie es der Spreewälder so gerne isst? Ich entscheide mich für geräucherten Zander und bereue meine Wahl nicht. Die Atmosphäre ist sehr familiär, freundlich und locker, viele sind nicht zum ersten Mal im Gärtnerhaus. Seit Frau Körner im Jahr 2005 das Haus übernahm und im Erdgeschoss eine Gaststätte einrichtete, wurde das Kleinod im Spreewald langsam bekannt. Die Gäste schätzen vor allem die ausgewählten Speisen und die besondere Umgebung – das kann ich sehr gut nachvollziehen.

Unter dem Dach des Gärtnerhauses befindet sich eine Ferienwohnung, die gemietet werden kann.

72

Hotel Strandhaus – Boutique Resort & Spa
Ernst-von-Houwald-Damm 16
15907 Lübben (Spreewald)
03546 7364
www.strandhaus-spreewald.de

WOHLFÜHLMOMENTE

Hotel Strandhaus – Boutique Resort & Spa

Malerisch direkt an der Hauptspree neben der Schlossinsel in Lübben gelegen befindet sich das Strandhaus Resort & Spa, bei den Einheimischen auch schlicht Strandhaus genannt. Das prämierte Haus ist Wellnesshotel und Restaurant, auch Frühstücken am außergewöhnlich umfangreichen Buffet ist für Nicht-Hotelgäste möglich. Dieses Angebot wird von vielen Besuchern gerne genutzt, denn die Qualität der Küche ist mittlerweile überregional bekannt.

Das Herz des Strandhauses ist das bereits 1929 eröffnete Strand-Café, das Markus Karl 2007 von den Vorbesitzern übernahm. Es folgte eine großzügige Restaurant-Erweiterung, der Ausbau zum Hotel und anschließend die Ergänzung des Wellnessbereiches. Die ursprünglich als Zwischenlösung geplanten Wellnesswürfel im Garten, in denen man auf wenigen Quadratmetern mit Blick auf die Spree ganz privat entspannen kann, erfreuen sich mittlerweile solcher Beliebtheit, dass sie vermutlich bleiben werden – doch bei den Karls weiß man nie, denn sie überlegen sich immer neue, schöne Konzepte für ihr Haus.

Bayerische Gemütlichkeit trifft im Strandhaus auf Spreewaldornamente. Das alte Café ist tatsächlich noch erkennbar und wurde in das neue Restaurant integriert. An den Wänden hängen alte Fotos zum Vergleich. Viel Holz, schönes Design und ein angenehmes Lichtkonzept machen schon die Rezeption zum einladenden Sitzbereich. Im Sommer lockt die Spreeterrasse viele Tagesgäste an, von der auch Kahnfahrten angeboten werden. Gegenüber liegt der Bootsverleih Gebauer. Von hier aus kann man mit dem Kanu direkt in den Unter- und Oberspreewald starten, denn Lübben liegt genau an der Scheidelinie. Fragt sich nur noch, wann man das schöne Hotelzimmer genießen soll.

Im Hotel und Restaurant des Strandhauses wird ordentlich Abwechslung geboten. Besonders beliebt ist der Steakabend, daher lieber vorher reservieren!

78

Bootsverleih Gebauer
Lindenstraße 18
15907 Lübben (Spreewald)
03546 7194
www.spreewald-bootsverleih.de

EIN COWBOY IM WASSER

Bootsverleih Gebauer

Im Spreewald werden Sie auf unzählige Bootsverleihstationen treffen. Dem Bootsverleih Gebauer möchte ich hier einen besonderen Platz einräumen, denn ich verbinde mit ihm meine erste und wundervolle Kajakfahrt im Spreewald.

Es ist erstaunlich warm an diesem Mai-Wochenende und ich entschließe mich, ein Kajak auszuleihen und Lübben per Boot kennen zu lernen – die beste Art, wie man den Spreewald erkunden sollte. Doch ich habe bei aller Spontaneität für dieses Vorhaben wenig passende Cowboystiefel an. Meine Sorge, dafür beim Bootsverleih ausgelacht zu werden, entpuppt sich als unbegründet. Vielleicht hat man hier auch schon einiges Kurioses mit Touristen erlebt, heute bin ich jedenfalls alleine vor Ort und man beruhigt mich grinsend: Kajakfahren sei ja nun keine Wissenschaft, das ginge schon.

Die Einweisung ist fix erledigt, ich bekomme eine Karte und den Tipp, die Hauptspree nach Süden zu fahren und irgendwann eine der winzigen Wasserverbindungen zum Burg-Lübbener-Kanal zu nehmen, denn dort könne man die freigelassenen Nutrias sehen. Die biberähnlichen Geschöpfe haben im Spreewald eine ordentliche Population und wurden einst für die Pelzzucht gehalten. Als dieser Markt nach der Wende einbrach, »entflohen« die Tiere in die freie Natur, wo sie sich offenbar recht wohlfühlen und sich auch gerne dem Menschen zeigen. Nach wenigen Metern auf dem Fluss umgibt mich Stille. Rechts Felder, links der geheimnisvolle Oberspreewald, kaum jemand ist unterwegs. Ich lasse mich ein wenig treiben und hänge die bescheuerten Stiefel über den Bootsrand. Wunderbar. Und tatsächlich: Als ich abbiege, sitzt seelenruhig ein Nutria nur zwei Meter neben meinem Paddel und putzt sich das Fell. Glücklich grinsend paddle ich nach Lübben zurück.

Der Standort des Bootsverleihs ist für eine Paddeltour in den Oberspreewald sowie in den Unterspreewald geeignet. Besonders schön soll die Strecke gen Norden nach Schlepzig sein. Gerade für Kinder absolut empfehlenswert.

74

Spreelagune Lübben
Am Burglehn 7 (Parkplatz)
15907 Lübben (Spreewald)

Kletterwald Lübben
Hartmannsdorfer
Straße 27c
15907 Lübben (Spreewald)
01573 0051727
www.kletterwald-luebben.de

MIT ALLEN WASSERN

Spreelagune Lübben

Es ist heiß, Sie sind schon den ganzen Tag herumgelaufen, haben im Kahn geschwitzt und die Kinder quengeln? Dann ab zur Spreelagune in Lübben gleich neben der Schlossinsel. Die Naturbadestelle wurde erst im Jahr 2013 angelegt und bietet in der Hauptspree neben einem öffentlichen Kanurastplatz auch einen richtigen Sandstrand – und das mitten in der Stadt! Toiletten und sogar eine Duschmöglichkeit sind vorhanden, der Parkplatz ist gratis und der Weg zur Lagune barrierefrei. Tagsüber ist hier im Sommer ordentlich etwas los, Kinder lieben besonders den Abenteuerspielplatz mit Kletternetzbrücke und Wasserspielen, und die Floßfahrt über die Lagune – hier müssen sich die Kleinen an einem Seil zum anderen Ufer hinüberziehen – ist eine große Gaudi. Die Wasserqualität ist sehr gut, Sie können also direkt ins kühle Nass springen, Badekleidung vorausgesetzt.

Auch frühmorgens lohnt sich ein Spaziergang über die 107 Meter lange Holzbrücke, übrigens die längste im ganzen Spreewald. Bei Sonnenaufgang liegen noch Nebelschwaden über dem ruhigen Wasser und Bäume und Schilf werden in leuchtendes Orange getaucht – ein herrlicher Anblick. Sollten Sie im Hotel Strandhaus untergekommen sein, haben Sie sogar einen direkten Zugang. Manche Yoginis haben diesen besonderen Ort bereits entdeckt, um morgens ihrer Sportroutine nachzugehen. Wem es zu trubelig ist, der kann von hier aus nicht nur über die Schlossinsel schlendern, sondern auch einen schönen Spazierweg entlang des Ragower Hauptvorfluters gen Süden machen und findet sich bald zwischen Spreewald und Feldern in ersehnter Ruhe. Mit Glück stehen morgens ein paar Rehe auf den Wiesen.

Wenn Sie also einen heißen Tag erwischt haben: ab zur Spreelagune und wenigstens einmal die Füße ins Wasser halten!

Falls die Kids noch nicht ausgelastet sind, einfach die Bäume im nicht weit entfernten Kletterwald Lübben hochkraxeln lassen.

75

Inselteich Schlepzig
Rastplatz am Inselteich
15910 Schlepzig
(Spreewald)

Informationen:
Touristinformation
Dorfstraße 26
15910 Schlepzig
(Spreewald)
035472 64025
www.schlepzig.de

AM GROSSEN WASSER

Inselteich Schlepzig

Wer mit öffentlichen Verkehrsmitteln nach Schlepzig (Slopišća) möchte, hat es schwer: Der Bus fährt nur wenige Male am Tag, ein Ausflug ist daher nur mit dem Auto oder Fahrrad möglich. Da die Strecke vom Lübben nach Schlepzig als Radweg ausgewiesen ist, entscheide ich mich für Letzteres und lande kurz vor Schlepzig am Inselteich, der mit seiner Größe von 56 Hektar eher ein See denn ein Teich ist.

Es ist allerschönstes Herbstwetter, strahlend blauer Himmel, und eine tiefstehende Sonne taucht die Farben der Bäume in warmes Licht. Es ist ein ganz anderer Spreewald, der sich hier präsentiert: eine weite Aussicht, wenige Bäume, naturbelassene Wiesen und der große See. Fast könnte man meinen, in Skandinavien zu sein. Das gelbe Laub der Birken macht die Illusion komplett.

Der Inselteich ist sehr fischreich und jedes Jahr im Herbst findet das große Schaufischen mit anschließendem Fischverkauf statt. Wenn ich still dastehe, höre ich das Klatschen und Glucksen, wenn ein Fisch mal wieder Luft geschnappt oder sich etwas von der Wasseroberfläche gemopst hat. Gerade im Herbst, kurz vor dem Abfischen, sind es an manchen Stellen so viele Fische, dass das Badeverlangen schnell gestillt ist. Mir sind früher im Teich meines karpfenzüchtenden Onkels die glitschigen Fische manchmal um die Beine geschwommen und auf dieses Gefühl verzichte ich heute noch dankend. Im Inselteich gibt es Karpfen, Hechte, Welse, Zander und Barsche. Das Nahrungsangebot ist so groß, dass der Fischadler oft gut dabei beobachtet werden kann, wie er sich ein leckeres Mahl angelt. Auch Rot- und Schwarzmilane werden regelmäßig gesichtet. Durch den Reichtum an Vogelarten werden hier gerne Rangertouren veranstaltet, bei denen man einiges über die Flora und Fauna des Spreewaldes erfährt und mit etwas Glück den leuchtgelben Pirol zu Gesicht bekommt.

Von Schlepzig aus ist auch eine schöne Rundwanderung um den Inselteich möglich.

76

Großer Hafen Schlepzig
Dorfstraße 53b
15910 Schlepzig
(Spreewald)
www.grosserhafenschlepzig.de

IN SCHÖNSTER ROBE

Großer Hafen Schlepzig

Kahnhäfen mag ich umso lieber, wenn sie etwas außerhalb der üblichen Touristenspots liegen, mit mehr Ruhe und weniger Kähnen – wie der Große Hafen Schlepzig, selbst wenn er längst weithin bekannt ist. Wer keine Kahntour im Spreewald erlebt hat, stellt sich eventuell eine unendlich spießige Veranstaltung mit lustigen Rentnern und Schnaps vor. Das ist einerseits wahr und andererseits total falsch. Tatsächlich stehen auch heute noch traditionell die Schnapsfläschchen bereit. Eine Sause wird so eine Kahnfahrt jedoch nicht, ganz im Gegenteil. Es gibt wenige Dinge, auf die ich mich so freue und bei denen ich meine Gedanken so treiben lassen kann wie bei dieser stillen Bootsfahrt, und es ist definitiv eine der schönsten, besinnlichsten Arten, Natur zu erleben – und ganz sicher nicht konventionell.

Die Fahrten werden mehrfach am Tag angeboten, man wartet einfach so lange, bis der Kahn voll besetzt ist. Das dürfte am Wochenende innerhalb der Saison sogar in Schlepzig kein Problem sein. Kommen Sie jedoch zu anderen Zeiten, sprechen Sie eine Kahnfahrt lieber vorher ab. Auch für Kinder ist das ein tolles Erlebnis, denn die Fährleute versorgen die Großen wie die Kleinen nebenbei mit spannenden Geschichten aus dem Spreewald.

Der Schlepziger Kahnhafen ist zudem besonders, weil hier täglich Trachtenfahrten angeboten werden, bei denen die Fährleute verschiedene wendische Trachten tragen. Das ist gerade bei den Fährfrauen beeindruckend. Da das Staken mit dem sogenannten Rudel ziemlich anstrengend ist – Motoren sind im Spreewald weitestgehend verboten –, gibt es nur wenige Frauen mit diesem Beruf. Ob eine kurze Schnupperfahrt oder für länger, Schlepzig ist ein wunderbarer Ausgangspunkt, um den Spreewald per Kahn kennen zu lernen.

Es werden unterschiedliche Themenkahnfahrten angeboten, auch Tagestouren sind möglich. Die Wartezeit kann man gut überbrücken, eine Imbissbude sorgt für das leibliche Wohl.

77

Spreewaldbrauerei Schlepzig
im Spreewaldresort Seinerzeit
Dorfstraße 53
15910 Schlepzig (Spreewald)
035472 6620
www.seinerzeit.de

HEFE, HOPFEN UND GENUSS

Spreewaldbrauerei Schlepzig

Laut Überlieferung lebte einst der Wendenfürst Wussilo genau dort in seiner Burg, wo heute die Spreewaldbrauerei Schlepzig steht. Solche Geschichten deuten darauf hin, dass das kleine Örtchen viele Jahre auf dem Buckel hat, und tatsächlich ist es mit vermutlich über tausend Jahren eines der ältesten im Spreewald. Seit dem 14. Jahrhundert wurde hier Raseneisenerz gewonnen und die entstehende Schlacke irgendwo auf dem Gelände der alten Burganlage entsorgt. Auf dieser Schlacke entstand 1788 ein Gasthof mit Brauerei, Brennerei und Schankrecht, der 200 Jahre lang im Besitz einer Familie blieb. Was das Bierbrauen angeht, sind Sie hier also in guten Händen.

Vom alten Dorf ist nicht viel übrig geblieben, es heißt, es sei im 18. Jahrhundert niedergebrannt, weil eine unachtsame Bäuerin auf dem Weg vom Backhaus Glut auf den Boden fallen ließ. Aus den Folgejahren existieren jedoch noch viele Bauernhäuser, Schlepzig erhielt daher im Jahr 1999 die Auszeichnung zum schönsten Dorf Brandenburgs.

Die Brauerei mutet urig an, es ist schwer zu sagen, welche Gebäude original sind und welche nachgebaut wurden. Seit der Wende wurde einiges restauriert und manches auch neu aufgebaut. Ein romantisches Familiengeschäft ist es nicht mehr, der Besitz ging 2012 auf die Satama GmbH über (jetzt MeineZeit AG), die den Service des Hauses mit dem dazugehörigen Hotel für mein Empfinden nicht sehr emotional betreibt. Die Brauerei ist dennoch unbedingt ein Bierchen wert, oder machen Sie besser drei daraus und nehmen gleich an einem der günstigen Bier-Tastings teil. Es wird Spreewälder Pils, Spreewälder Dunkel und Hefeweizen angeboten. Im Obergeschoss können Sie dem Braumeister direkt zuschauen, denn Sie haben direkten Blick in den Betrieb.

Hinter der Brauerei können Sie an den Fließen flanieren und den wunderbaren Weidendom besichtigen, ein natürliches Kuppelgebäude, ganz aus Weide geflochten, in dem regelmäßig Hochzeiten gefeiert werden.

78

Spreewood Distillers
Dorfstraße 56
15910 Schlepzig
(Spreewald)
035472 659142
www.spreewood-distillers.com

Bauernmuseum Schlepzig
Dorfstraße 26
15910 Schlepzig
(Spreewald)
035472 225
www.bauernmuseum-schlepzig.de

IN SACHEN ROGGEN

Spreewood Distillers

Es war wohl nur eine Frage der Zeit, bis sich in einem der hübschesten Dörfer im Spreewald eine Brennerei ansiedeln würde, schließlich gibt es hier eine lange Tradition für dieses Gewerbe. Doch die Spreewood Distillers sind nicht einfach irgendeine Destillerie, sie sind die erste Roggen-Whisky-Destillerie Deutschlands und nutzen den Roggen und das Mikroklima des Spreewalds. Die Coolness des Unternehmens liegt bereits im Namen und einen Besuch bei dem jungen Team sollten Sie sich auf keinen Fall entgehen lassen.

Selbst als kurzer Zwischenstopp eignet sich das wunderbare blumenumrankte Höfchen des Ensembles. Hier können Sie direkt einen Blick in die Destillerie werfen, während Sie am Eis schlecken oder ein Stück Kuchen genießen – beides natürlich hausgemacht. Der Gebäudekomplex ist nach der Art eines Vier-Seiten-Hofs neu errichtet, Fach- und Mauerwerk lassen jedoch nichts vom ursprünglichen Charme alter Höfe vermissen. Hinter der Schau-Destille lockt eine Hafenterrasse, von der selbstverständlich auch Kahnfahrten starten – wie könnte es anders sein.

Im Laden gibt es eine ganze Fülle von Likören, außerdem Gin, Rum und natürlich Whisky. Letzterer wird etwa auf den mittlerweile berühmten Whisky-Kahnfahrten angeboten, die allerdings angemeldet werden müssen. Der Storck Club Whisky ist mehrfach ausgezeichnet, ich bevorzuge heute allerdings den *Gurkengeist*.

Wer Zeit hat, sollte unbedingt an einer der angebotenen Führungen inklusive Verkostung teilnehmen (nur nach Anmeldung), bei denen Unkundige einiges über die Herstellung des Rye-Whiskys, also des Roggen-Whiskys, erfahren und den Gaumen selbst einmal fühlen lassen können. In jedem Fall ein wirklich köstlicher Boxenstopp im Spreewald.

Die DDR-Ausstellung im Bauernmuseum ein Stück die Straße hinunter ist zwar in die Jahre gekommen, lohnt aber allein wegen des schönen Hofes.

79

Beobachtungsturm Wussegk
15910 Schlepzig (Spreewald)

Informationen:
NABU Kreisverband Spreewald e. V.
Postfach 1506
15905 Lübben (Spreewald)
www.nabu-spreewald.de

AUF DER PIRSCH

Beobachtungsturm Wussegk

Der Wussegk (niedersorbisch für Hain oder Hang) ist eigentlich eine Kaupe, also eine Insel, auf die sich die Menschen früher bei Hochwasser zurückzogen. Auf den unzugänglichen Inseln des undurchschaubaren Spreewaldes suchten auch im Zweiten Weltkrieg viele Flüchtlinge Schutz. Mit Wussegk ist heute jedoch zumeist ein Beobachtungsturm gemeint, der nahe des Wehres am Zerniafließ am Naturlehrpfad Buchenhain steht.

Sie befinden sich hier in einem der artenreichsten Mischwaldgebiete Brandenburgs. Vom sieben Meter hohen Turm aus erhält man daher einen hervorragenden Einblick in die vielfältige Tierwelt. Aufgrund der vielen Feuchtwiesen und Flachwasserbereiche bietet das Schlepziger Gebiet Nahrung für viele Wasservögel. Mit Glück entdecken Sie Zwergschnäpper, Spechte, Pirole, Eisvögel und sogar den beeindruckenden Seeadler. Auch bei Kranichen ist die Region beliebt, und das nicht nur während der Herbstrast: Im Frühjahr brüten die Tiere in dieser Region und ziehen ihre Jungen auf. Beobachten kann man Kraniche am besten während der frühen Morgenstunden oder während der Abenddämmerung. Die optimale Zeit, um Jungvögel zu sehen, ist vom März bis Juni. Schlepzig ist außerdem bekannt für seine Storchenpopulation. Während an vielen Ecken des Spreewalds der beliebte Großvogel selten geworden ist, bekommt man ihn hier noch regelmäßig zu Gesicht. Auch Fischadler und sogar der stattliche Seeadler lassen sich regelmäßig blicken.

Sie können das Gebiet erwandern oder mit einer Kahn- oder Paddeltour erkunden. Ein Naturlehrpfad entlang der Insel lädt zu einem schönen Spaziergang ein. Er ist fünf Kilometer lang und führt im Rundweg zurück zum Wehr. Schauen Sie sich den Weg vorher auf der Karte an, denn er ist nicht immer gut ausgeschildert. Wirklich verlaufen kann man sich jedoch nicht.

Regelmäßig bieten der NABU und die Naturwacht Vogelbeobachtungstouren an.

80

Kreuzkirche Krausnick
Kirchsteig
15910 Krausnick-Groß
Wasserburg
www.kirchenkreis-niederlausitz.de

IN ALLE HIMMELSRICHTUNGEN

Kreuzkirche Krausnick

Die evangelische Kirche der *Ansiedlung bei Birnbäumen*, wie der altsorbische Ursprung Krušnik des Ortsnamens Kšušwica (Krausnick) übersetzt lautet, gehört zur Gemeinde Krausnick-Groß Wasserburg und hat leider nur unregelmäßig am Wochenende geöffnet. Ein Abstecher zu diesem besonderen Ort lohnt sich dennoch, denn der Kirchenbau ist äußerst ungewöhnlich: Er hat die Form eines griechischen Kreuzes mit vier gleich langen Seiten. Um das zu erfassen, muss ich sie einmal langsam umrunden.

Die Kreuzkirche entstand in den Jahren 1726 bis 1728 und besticht durch das auffällige und gut erhaltene Fachwerk. Bauherr war Friedrich Erdmann von Oppen, der zu jener Zeit einen großen Teil von Krausnick sowie Köthen und Leibsch besaß. Krausnick selbst blickt auf eine bewegte, über 1.000-jährige Geschichte zurück, war teils Rittersitz und gehörte ab 1728 zum Besitz des berühmten »Soldatenkönigs« Friedrich Wilhelm I., König in Preußen und Markgraf von Brandenburg. So ist auch zu erklären, weshalb dessen Sohn August Wilhelm mit gerade 18 Jahren als Stifter des Kanzelaltars von 1740 in Erscheinung trat, dessen Monogramm »A. W.« über der Kanzel zu sehen ist. Friedrich Wilhelm I. führte ein strenges Regiment, legte großen Wert auf harte Arbeit und führte straffe Sparmaßnahmen ein. Für den Glauben hatte er jedoch einiges übrig, stiftete mehrere Kirchen und tolerierte verschiedene Religionen.

Wer die Chance hat, wirft einen Blick in die Kirche. Die Orgel mit acht Registern schuf Albert Lang im Jahr 1884. Das weiß-blau gestrichene Holz der Kirchenbänke wiederholt sich in der Empore, die an drei Seiten entlang der Kreuzform gebaut ist – ein seltsamer Anblick, der den Innenraum der gar nicht so kleinen Kirche fast gemütlich wirken lässt.

Ein schöner Spaziergang führt zum 3,5 Kilometer entfernten Wehlaberg mit Aussichtsturm, auf dem die Sicht weit in die schöne Landschaft des Unterspreewaldes reicht.

81

Tropical Islands
Tropical-Islands-Allee 1
15910 Krausnick-Groß
Wasserburg
35477 605050
www.tropical-islands.de

EINMAL UM DIE WELT

Badewelt Tropical Islands

Der rot-weiße Heißluftballon schwebt über dem Grün des Dschungels, die Insassen winken mir zu. Ich winke zurück und stelle mir vor, dass gleich das riesige Tor der Halle wie bei *James Bond* aufgeht und der Ballon ins Weltall schwebt. Es ist eine skurrile Szene, die gleichzeitig an die Klassiker *Man lebt nur zweimal*, *In 80 Tagen um die Welt* und *Die Truman Show* erinnert.

In die Badewelt *Tropical Islands* bin ich mit Vorbehalten gefahren. Wie soll man mit hunderten Menschen zusammen entspannen und was hat das mit den Tropen zu tun? Doch jetzt wollte ich es wissen, zumal das Tropical Islands großer Arbeitgeber und ein noch größerer Publikumsmagnet in der Spreewald-Region ist. Die riesige Halle sieht man schon von weitem. Ursprünglich für den Bau von Zeppelinen konzipiert, wurde sie vor einigen Jahren verkauft und in ein Tropenparadies für Kurzurlauber verwandelt.

Fotos können kaum wiedergeben, was den Besucher hier erwartet: Auf meinem ersten Weg zur groben Orientierung spaziere ich an einem Samoa-Dorf vorbei, wandere alleine durch einen Dschungel, fühle mich kurz wie ein Backpacker in Thailand und lande schließlich in den Straßen der Altstadt von Sansibar. Anschließend gehe ich in der Südsee schwimmen und rutsche mit der Familie endlose Bahnen. Todmüde fallen wir am Abend in unser Bett im Mobile Home auf dem Außengelände. Wer möchte, kann auch in der Halle in Safari-Zelten oder Lodges übernachten und morgens um vier Uhr schwimmen gehen. Am nächsten Tag stelle ich mich nach dem Frühstück unter den Wasserfall und entspanne anschließend im übergroßen Saunabereich. Am Abend kann ich es nicht lassen und steige selbst einmal in den Heißluftballon, um mir diese Welt von oben anzuschauen (sehr empfehlenswert!). Der Abschied am dritten Tag fällt mir schwer. Hier hätte ich es glatt noch ein paar Tage ausgehalten.

Wer sich entscheiden muss: Die Ballonfahrt einmal rund um die Islands ist zwar nicht ganz so hoch wie der festinstallierte Ballon, aber viel abwechslungsreicher!

82

Marktplatz Luckau
Am Markt 22
15926 Luckau

Informationen:
Tourismusverband Niederlausitzer Land
Nonnengasse 1
15926 Luckau
03544 1299714
www.luckau.de

HOCH HINAUS
Marktplatz und Altstadt

Es gibt wohl kaum eine hübschere Altstadt als in Luckau (niedersorbisch: Łukow). Der kleine Ort liegt zwar etwas abseits vom inneren Spreewald, die Einwohner verstehen sich jedoch seit jeher als Spreewälder. Einst zogen die Schweden durch die Stadt, dann kamen die Franzosen und sogar Napoleon hat im beschaulichen Luckau genächtigt, bevor es vorübergehend zur Hauptstadt der Niederlausitz wurde.

Suchen Sie sich für den Besuch Luckaus möglichst einen sonnigen Tag aus, denn vom Hausmannsturm mitten auf dem Marktplatz haben Sie eine grandiose Rundumsicht bis weit über den Spreewald. Der Turm stammt aus dem 17. Jahrhundert, wurde einige Male erhöht und misst nun stolze 47 Meter. Der Schlüssel ist nebenan in der Touristeninformation erhältlich, Sie müssen allerdings recht trittfest sein, der Aufstieg ist etwas mühselig und erfolgt über schmale Stiegen und Leitern. Von hier oben kann man den Blick nicht nur in die Ferne schweifen lassen, sondern auch den hübschen Marktplatz bewundern. Im Dreißigjährigen Krieg sind die Gebäude der 1230 erstmals urkundlich erwähnten Stadt größtenteils zerstört worden, einige Gewölbekeller blieben jedoch erhalten. So manche Wohnung rund um den Marktplatz besitzt daher fantastische Weinkeller – oder auch sehr edle Abstellräume. Die meisten dieser Gewölbe kann man leider nicht besichtigen, das Restaurant Ratskeller am Marktplatz bildet davon eine Ausnahme. Die heutige Bebauung geht auf das 17. und 18. Jahrhundert zurück und ist gut erhalten, die meisten der barocken Giebelhäuser wurden inzwischen restauriert und erstrahlen in frischen Farben.

Der ursprüngliche Ortskern Luckaus ist klein. Die in großen Teilen erhaltene Stadtmauer aus dem 13. und 14. Jahrhundert können Sie bei einem zwei Kilometer langen Spaziergang umrunden. Wenn der Stadtgraben genug Wasser führt, werden Bootsfahrten rund um die Stadt angeboten.

Machen Sie eine Stadtführung und besichtigen Sie das ehemalige Dominikanerkloster, das von 1747 bis 2005 Justizvollzugsanstalt war. Von 1916 bis 1918 war hier Karl Liebknecht inhaftiert.

83

Ratskeller Luckau
Am Markt 34
15926 Luckau
03544 5059955
www.ratskeller-luckau.com

IN GEWÖLBEN

Ratskeller Luckau

An einem Wintertag bin ich in Luckau unterwegs und kehre wie üblich im Ratskeller ein. Wer sich in diesen Gewölben niederlässt, führt eine lange Tradition fort: Bereits seit erstaunlichen 700 Jahren trinken die Luckauer hier ihr Bier. Nach zwei Stadtbränden musste das Rathaus im 17. Jahrhundert zwar wieder aufgebaut werden, doch Aufzeichnungen belegen die Existenz eines entsprechenden Gebäudes schon im 13. Jahrhundert. Das Gewölbe überdauerte die Zeit und wurde in den 1990er-Jahren aufwendig saniert. Heute beherbergt es ein Restaurant mit einer schlichten, aber gemütlichen Einrichtung, passend zum Ambiente. Auf die modern ausgelegte lokale Küche ist der Hausherr zu Recht stolz.

Die übersichtliche Speisekarte besticht mit raffinierten Variationen von typischen Spreewälder Gerichten und natürlich werden auch die Klassiker vom Fischtopf bis zum Rindsfilet und Spargel angeboten. Besonders schön: Bereits auf der Karte werden vegetarische und vegane Gerichte ausgezeichnet. Sogar Luckauer Wein wird kredenzt. Seit einigen Jahren hat ein lokaler Winzer die Tradition des Weinanbaus wieder aufgenommen, die in der Lausitz schon Anfang des 13. Jahrhunderts begründet wurde.

Bis zu 40 Personen finden im Ratskeller Platz, weitere Sitzplätze kommen bei gutem Wetter im Außenbereich auf dem Marktplatz dazu. Manchmal werden es auch noch einige mehr: zum Beispiel am frühen Morgen des 25. Dezember jeden Jahres, wenn die Luckauer aus der Weihnachtsmesse der Sankt-Nikolai-Kirche strömen, hier ihren Frühschoppen einnehmen und sich gutgelaunt etwas dichter drängen als üblich.

Nach einem Blick auf die Karte gönne ich mir den handgeschöpften Spreewälder Landquark und bestelle außerdem gleich zwei Nachspeisen, denn wer kann sich schon zwischen Crème brulée und einem Zitronen-Karotten-Küchlein entscheiden?

Wer einen Besuch am Wochenende plant, sollte besser reservieren. Der Ratskeller ist bei Einheimischen extrem beliebt.

84

Nikolaikirche Luckau
Kirchplatz 7
15926 Luckau
03544 2765
www.kirche-luckau.de

Wenn Engel grüßen

Nikolaikirche Luckau

Die evangelische Nikolaikirche in Luckau hat es mir ganz besonders angetan. Zugegeben, ich schaue mir ohnehin gerne alte Gebäude an, und dazu gehören selbstverständlich auch Kirchen, wie Sie sicher schon bemerkt haben. Doch die Nikolaikirche ist wirklich etwas ganz Besonderes. Als ich sie das erste Mal besuche, habe ich das Glück, einen Organisten üben zu hören, und kann nur staunen angesichts der fantastischen Orgelklänge und des schönen Innenausbaus.

Die gotische Kirche entstand im 14. und 15. Jahrhundert, wurde mehrfach umgebaut und ist reich an barocken Verzierungen, die nach einem Brand Mitte des 17. Jahrhunderts hinzugefügt wurden. Bunt bemalte, mit Holzornamenten und sogar Fenstern versehene Logen trennten die feinen Herrschaften vom Pöbel. Eine prunkvolle Doppeltreppe führt zu den Emporen. Ins Auge fallen zudem eine riesige goldene Kanzel und die große, aus dem 17. Jahrhundert stammende Orgel vom bekannten Leipziger Orgelbauer Christoph Donat.

Wer sich ein besonderes Weihnachtsfest bescheren möchte, nimmt am 25. Dezember an der Weihnachtsfrühmesse um sechs Uhr morgens teil. Die Luckauer feiern diese Messe wie im 14. Jahrhundert: Kerzenlicht erfüllt die ganze Kirche und der Chor singt Lieder des Weihnachtsevangeliums. Höhepunkt ist das Bewegen der »Lichterschlangen«, um böse Geister zu vertreiben. Vermutlich ein Relikt heidnischer Bräuche um die Wintersonnenwende.

Der Organist hat sein Stück beendet und die Orgelpfeifen verstummen – doch ganz leise ertönt im Anschluss noch einige Sekunden lang ein Klangspiel, als würden Sterne vom Himmel fallen. Oder vielleicht waren es ja auch ein paar Engel zum Gruß.

Über die Website der Kirche können Sie sich für eine Kirchenführung anmelden (ab zehn Personen). Auch das Touristenbüro bietet diese an.

85

Konditorei Klinkmüller
Lange Straße 18
15926 Luckau
03544 2079
www.konditorei-
klinkmueller.de

Curry küsst Zitrone

Konditorei Klinkmüller

Die Versuchung hat ein Zuhause im hübschen Ort Luckau: die Konditorei Klinkmüller. Ihr Verkaufsraum ist klein, nahezu winzig. Auffällig thront ein pinker hochhackiger Schuh als Deko an der Wand. In der Auslage haben neben Kuchen und Gebäck die Stars des Ladens ihren Auftritt: kleine bunte Törtchen, mal mehr, mal weniger, je nachdem, ob Herr Klinkmüller gerade neue Eigenkreationen ausprobiert oder das Sortiment schon leergefegt ist. Ein ausführlicher Blick auf die heute angebotenen Geschmacksvarianten lohnt sich – die muten teils seltsam an, teils lassen sie sofort das Wasser im Mund zusammenlaufen. Apfel mit grüner Gurke vielleicht? Oder Curry mit Zitrone? Das Steckenpferd des Konditormeisters ist das sogenannte Food Pairing. Hierbei werden Lebensmittel kombiniert, die ähnliche Aromakomponenten aufweisen. Bekannt wurde Herr Klinkmüller jedoch mit seinen Stollen, die auch den Skeptikern dieses Hefegebäcks schmecken – mir zum Beispiel: Frisch und nicht trocken ist sein Gebäck, und lockt mit Sorten wie Holunder-Tonka oder Portwein Cranberry. Wer hier in der Weihnachtszeit ein Exemplar dieser Backkunst erwerben möchte, sollte besser vorbestellen, denn der Geheimtipp ist längst keiner mehr, die Stollen haben selbst in Berlin Absatz gefunden.

In der Schauküche erzählt der sympathische Chef höchstselbst, wie es war, mit neuen Ideen hier im Spreewald anzukommen, nachdem er durch Deutschland, die Schweiz und Luxemburg getingelt war. Die Kunden mochten doch lieber Blechkuchen und Schwarzwälder Kirschtorte. Also versucht er heute einen Mix zwischen Altbekanntem und Neuem und wird mit überregionalem Interesse und vielen Auszeichnungen belohnt. Nach den ersten Probehappen entscheide ich mich für ein Törtchen mit Thymian und weißem Pfirsich. Wer weiß, vielleicht belege ich demnächst einen seiner Pralinenworkshops?

Die Pralinenworkshops sind begehrt und häufig ausgebucht, noch bevor sie auf der Website erscheinen. Buchen Sie lieber telefonisch.

86

Sielmanns Natur-Erlebniszentrum Wanninchen
Wanninchen
15926 Luckau (Görlsdorf)
03544 557755
www.wanninchen-online.de

WO DIE WÖLFE WOHNEN

Sielmanns Natur-Erlebniszentrum Wanninchen bei Görlsdorf

Wanninchen war ein Glücksfall. So erzählt es der Ranger, bei dem ich meine Tour durch die Naturlandschaft gebucht habe. Das alte Dorf verschwand um 1960, als die großen Bagger kamen, um Braunkohle zu fördern. Nur ein einziges Haus blieb erhalten: das heutige Info- und Ausstellungszentrum. Nachdem die Maschinen 1991 abgefahren waren, herrschte gähnende Leere: eine Mondlandschaft mit sandiger, nährstoffarmer Erde. Als die für den Tagebau erforderliche Grundwassersenkung gestoppt wurde und das Grundwasser wieder anstieg, wurde zudem das im Boden existierende Eisenoxyd herausgeschwemmt. Mit Sauerstoff reagierend hinterließ es saure Seen und Böden.

Doch während rundherum die landwirtschaftlichen Flächen mit Nitrat vollgepumpt wurden, konnte Wanninchen sich erholen. Die ersten Arten siedelten sich an, darunter der Fischotter, Heinz Sielmanns Lieblingstier. Als der Naturschützer in den 1990er-Jahren Wanninchen besuchte, sah er in der Ödnis Potential und erwarb 1999 mit seiner Stiftung mehr als 3.000 Hektar der einstigen Tagebaulandschaft.

Heute ist die entstandene Schutzzone ein Naturentwicklungsgebiet und Aufklärungszentrum für Groß und Klein, das viele verschiedene Touren über das ganze Jahr anbietet: Im Januar kommen die Singschwäne, im Sommer die Graugänse, im Herbst die Kraniche. Mittlerweile haben sich Uferschwalben, Wiedehopf, Höckerschwäne und sogar Wölfe angesiedelt. In Wanninchen wird außerdem Pionierarbeit geleistet, was die Balance zwischen Naturentwicklung und erforderlichem Eingreifen angeht. Die Seen werden gekalkt, um die Versauerung zu verringern, die Böden verdichtet, um ein Ein- und Abbrechen des lose aufgeschütteten Untergrunds zu verhindern. Heinz Sielmann würde sich freuen.

Im Erlebniszentrum gibt es verschiedene Ausstellungen sowie eine wunderbare Aussicht auf den Schlabendorfer See und den Anflug der Kraniche im Herbst.

87

Schloss Fürstlich Drehna – ein Denkmal der Brandenburgischen Schlösser GmbH
Schlosshotel
Lindenplatz 8
15926 Luckau – Fürstlich Drehna
035324 3030
www.schloss-drehna.de

EINMAL PRINZESSIN

Schlosshotel Fürstlich Drehna

Der erste Anblick ist atemberaubend: ein Märchenschloss mitten in Brandenburg! Mit einem Wassergraben, Spitztürmen und einem weitläufigen Schlosspark verfügt das Anwesen über alles, was dazugehört. Die Ursprünge reichen in das 14. Jahrhundert zurück, inzwischen wurde das Schloss jedoch zu einem Hotel umgebaut. Viele der alten Gewölbe sind erhalten geblieben, sie beherbergen heute ein Restaurant. Den Zusatz »Fürstlich« verdanken Ort und Schloss dem Grafen Moritz zu Lynar, dem der ursprüngliche Name *Deutsch Drehna* nicht standesgemäß genug war.

Über eine Brücke erreiche ich das schwere Holztor, das sich knarzend öffnet. Innen empfangen mich dicke Steinwände, dunkle Holzvertäfelungen und Ritterrüstungen. Der erste Stock ist fürstlich tapeziert. Wer ein Zimmer in den oberen Stockwerken bucht, freut sich über geräumige Zimmer, schwere Samtvorhänge und Internet-Detox, denn trotz aller Anstrengungen ist es dem Betreiber nicht gelungen, hier eine funktionierende Verbindung zum World Wide Web zu etablieren. Dafür gibt es zwei Saunen, ein Schwimmbad und Wellnessanwendungen in den ehemaligen Stallungen.

Der Schlosspark wurde vermutlich ursprünglich vom berühmten Landschaftsarchitekten Lenné höchstselbst geschaffen, und so finden wir sorgfältig angelegte Sichtachsen auf das Schloss. An anderen Stellen verschließt sich dieser Blick und man wähnt sich abseits menschlicher Pfade. »Lebensgefahr«, warnen Schilder hinten im Gelände vor dem einstigen Tagebaugebiet. Der Boden wird noch Jahre benötigen, um sich durch natürliche Erosion, Bäume und Kleinstgetier wieder zu verdichten, damit man ihn ohne Gefahr betreten kann. Kaum zu glauben: Bis in die 1980er-Jahre dröhnte in diesem ruhigen Park der Lärm der Abraumbagger. Umso schöner für Fürstlich Drehna, dass diese Zeit vorbei ist.

Im Schloss werden auch Arrangements für Junggesellinnenabschiede angeboten. Einfach nachfragen!

88

Schloss und Schlosspark Altdöbern – ein Denkmal der Brandenburgischen Schlösser GmbH
Am Park
03229 Altdöbern
www.schloesser-gmbh.de

Orangerie Altdöbern
Am Park
03229 Altdöbern
035434 660776
www.orangerie-altdoebern.de

AUF ALTEN SPUREN WANDELN

Schloss und Schlosspark Altdöbern

Zugegeben: Altdöbern (niedersorbisch: Stara Darbnja) liegt nicht mehr im Spreewald. Aber ein Abstecher in diesen Winkel des Landes lohnt, denn es wartet das einst schönste Schloss Brandenburgs mit einem Spreewald-Fan als Hausherrn. Das aus dem 16. Jahrhundert stammende Schloss erfuhr verschiedene Neu- und Umbauten, wurde 1712 zum barocken Landhaus umgestaltet und später mit einem zum Park hin gewandten neoromanischen Anbau versehen. Man könnte auch sagen: eine kunterbunte Mischung. Wer aus der Stadt kommt, betritt die Anlage vom Seiteneingang neben der alten Reithalle und dem zerfallenen Marstall, verziert mit Torbögen und Türmchen, die an den Berliner Fernsehturm erinnern. Der Haupteingang beeindruckt mit einem prächtigen Eisentor, toller Blickachse und weiteren Kavaliers- und Wirtschaftsgebäuden.

Ab den 1990er-Jahren wurden umfangreiche Restaurationen vorgenommen, um das Gebäude zu erhalten. Der hier ehemals nahegelegene Tagebau Greifenhain hatte in den Jahrzehnten zuvor den Grundwasserspiegel stark abgesenkt. Die Eichenpfähle, auf die das Schloss aufgrund des feuchten Bodens ursprünglich gebaut war, drohten zu vergammeln. Daher wurde das gesamte Schloss auf eine neue Betonplatte gesetzt. Eine beeindruckende Leistung! Am nahegelegenen Altdöberner See, der aus dem Tagebau entstand, kann man übrigens wunderbar spazieren gehen.

Unter Carl Heinrich von Heineken, Schriftsteller und Staatssekretär des sächsischen Premierministers, wurde der Park im 18. Jahrhundert um Wasserspiele, Rokokoelemente, einen Französischen Garten und ein Heckentheater erweitert. Hiervon ist noch heute vieles erhalten. Man sagt, Heineken und seine Frau hätten mit den kleinen angelegten Flüssen ein Stück des Spreewalds nachgeahmt. Der 13 Hektar große Salzteich im hinteren Bereich des Parks kam später dazu. Ein Spaziergang ist auch im Winter herrlich.

Im Sommer kann man nach der kleinen Wanderung in der Orangerie wunderbar einkehren und sich in entspannter Atmosphäre zwischen den Pflanzen niederlassen.